Buddhismus

Lama Karta

Buddhismus

Eine Einführung in die Lehre Buddhas

O. W. Barth

Die Originalausgabe erschien 1994 unter dem Titel «Inleiding tot het boeddhisme» bei Kunchab publicaties, Tibetaans Instituut, Kruispadstraat 33, B-2900 Schoten.

Erste Auflage 1999
Copyright © 1994 by Kunchab publicaties, Belgien
Aus dem Niederländischen von Angela Sophia Neumann und Albrecht Barthel
Alle deutschsprachigen Rechte beim Scherz Verlag, Bern, München, Wien, für den Otto Wilhelm Barth Verlag
Alle Rechte der Verbreitung, auch durch Funk, Fernsehen, fotomechanische Wiedergabe, Tonträger jeder Art und auszugsweisen Nachdruck, sind vorbehalten.
Einbandgestaltung: ja DESIGN, Bern: Julie Ting & Andreas Rufer, unter Verwendung eines Fotos:
Buddhist monk © 1979 David Burnett/Contact/Lookat

Inhalt

7	Präambel
9	Vorwort von Frans Goetghebeur

Geschichte

13	Der Ursprung des Buddhismus: der Buddha
20	Überlieferung und Kanonisierung des Buddhismus

Ethik

29	Grundbegriffe
29	*Gewöhnliche Wesen und erleuchtete Wesen*
30	*Störende Emotionen*
30	*Leiden*
32	*Tugendhafte Handlungen*
33	*Karma*
34	*Das Gesetz von Ursache und Wirkung*
36	*Wiedergeburt*
37	*Samsara*
39	Die Vier Edlen Wahrheiten
42	Fragen und Antworten

Psychologie

51 Die zwölf Glieder des abhängigen Entstehens
60 Eine überraschende Botschaft für den Westen
63 Alles hängt mit allem zusammen
65 Vom abhängigen Entstehen zur Leerheit
68 Was ist zu tun?

Philosophie und Meditation

71 Die buddhistische Methode
74 Wahrnehmung der Wirklichkeit
76 Die Leerheit erkennen
78 Buddhismus und Wissenschaft
80 Vernunft oder Glaube?
82 Ein Wunsch
84 Fragen und Antworten

Anhang

91 Der Buddhismus aus der Vogelperspektive
99 Die geographische Ausbreitung in Asien
105 Die historische Entwicklung der weltweiten
    Verbreitung des Buddhismus
123 Was es bedeutet, Buddhist zu sein – Fragen
    und Antworten
129 Glossar
143 Literatur

Präambel

In der westlichen Gesellschaft läßt sich ein seltsames menschliches Verhalten beobachten. Wenn zum Beispiel jemand eine Frage stellt und der Befragte die Antwort nicht weiß, wird es ihm schwerfallen, schlichtweg zu sagen: «Ich weiß es nicht.»

Es scheint fast, als ob man heutzutage seine Unwissenheit nicht zugeben darf. Die Konsequenz dieser Gewohnheit ist häufig, daß Menschen an falschen Theorien über einen Gegenstand, mit dem sie nicht vertraut sind, festhalten.

Lehrer und Eltern müssen oft Antworten auf Fragen geben. Die Weitergabe von Wissen an die kommende Generation hängt zum Großteil von ihnen ab. Dieses Buch ist daher vor allem für sie bestimmt. Es wurde geschrieben, um ihnen eine bessere Kenntnis des Buddhismus zu vermitteln, so daß sie bei Bedarf korrekte Antworten sowohl auf ihre eigenen Fragen als auch auf die ihrer Kinder und Schüler finden können.

Wir hoffen, daß diese knappe Vorstellung des Buddhismus den Erwartungen des Lesers entgegenkommt.

Lama Karta

Vorwort

Seit vielen Jahren unterweist Lama Karta Menschen in Belgien, Frankreich und in den Niederlanden in den Grundlagen des Buddhismus. Er hat auf diese Weise auch die westliche Mentalität sehr gut kennengelernt. Mit diesem Buch bietet er uns die Möglichkeit, eine erste Bekanntschaft mit dem Buddhismus zu machen, einer spirituellen Tradition, die auch heute noch vielfach mißverstanden wird.

Eine Skizze des Lebens von Buddha Shakyamuni wird in die Lehre selbst einführen. Der Autor gewährt Einblick in die buddhistische Ethik, die Psychologie, die Philosophie und die Meditation; ein abschließendes Glossar wird die Einführung abrunden.

Anschließend gibt Lama Karta einen Überblick über die historische Entwicklung des Buddhismus in den Ländern des asiatischen Kontinents und über seine zunehmende Verbreitung im Westen.

Der lebendige Stil erleichtert es dem Leser, die fundamentalen Strukturen des Buddhismus zu erfassen.

Der Autor verfügt über alle Qualitäten eines guten Lehrers: Er begleitet den Leser Schritt für Schritt von einem zum anderen Niveau, ohne zu sehr zu vereinfachen oder zu komplizieren.

Wir sind davon überzeugt, daß Lama Karta auf diese Weise einem breiten Publikum ein nützliches Hilfsmittel auf den Weg mitgegeben hat, das eine solide Grundlage für weiteres und gründliches Studieren schafft und zugleich Möglichkeiten zur eigenen Praxis aufzeigt.

Frans Goetghebeur

Geschichte

Der Ursprung des Buddhismus: der Buddha

Der Buddhismus ist eine der bedeutendsten alten Traditionen der Menschheit. Es ist deshalb nützlich und vielleicht sogar notwendig, diese Tradition kennenzulernen.

In den Ländern Asiens ist der Buddhismus von wesentlicher Bedeutung – sowohl auf kulturellem als auch auf spirituellem Gebiet. Die Bezeichnung «alt» ist natürlich relativ, wenn es um die Geschichte der Menschheit geht. Der Buddhismus entstand vor ca. 2500 Jahren. Man kann also mit Recht von einer «alten» Tradition sprechen, ebenso wie man zum Beispiel vom Hinduismus als einer der «alten» Traditionen spricht.

Wenn man sich mit spirituellen Strömungen beschäftigt, stellt sich unmittelbar die Frage: «Wer steht am Anfang dieser Bewegung?» In diesem Fall ist das die historische Person des Buddha. Er war ein menschliches Wesen genauso wie wir, mit seinen Stärken und Schwächen, der wie alle Menschen Augenblicke des Glücks und der Trauer kannte.

Die Geburt des Buddha und seine Mission

Siddhartha Gautama, der spätere Buddha, ist eine historische Gestalt. Er stammte aus der königlichen Familie der Shakyas. Die indische Gesellschaftsordnung dieser Zeit basierte auf einem Kastensystem, das durch eine strenge Gruppeneinteilung gekennzeichnet war – abhängig von sozialem Status, Geschlecht und Rasse. Später sollte sich der Buddha von diesem System entfernen.

Siddhartha Gautama war der Sohn eines indischen Königs. Seine Mutter gebar das Kind aus ihrer rechten Lende. Unmittelbar nach seiner Geburt ging Prinz Siddhartha sieben Schritte in alle vier Himmelsrichtungen und sprach die Worte: «Ich werde alle Lebewesen von ihren Leiden befreien.» Ein Astrologe wurde über die Zukunft des Kindes um Rat gefragt. Er prophezeite, daß Prinz Siddhartha, wenn er eine weltliche Laufbahn wählen sollte, ein Weltenherrscher werden würde. Sollte er aber den Weg eines Mönchs einschlagen, würde er die Erleuchtung empfangen. Danach brach der Astrologe in Tränen aus, worauf der König ihn nach dem Grund seiner Trauer fragte. Er antwortete: «Ich werde sterben und die edlen Unterweisungen in diesem Leben nicht mehr empfangen. Das stimmt mich traurig.»

Seine Jugend – ein hochbegabter Prinz

Als König Suddhodhana diese Worte hörte, beschloß er, alles zu tun, um seinen Sohn in die Richtung einer weltlichen Laufbahn zu lenken, so daß dieser sein Erbe werden könne. Zuerst sorgte er dafür, daß der Prinz mit allem, was sich außerhalb des Palastes abspielte, nicht in Kontakt kam. Weiterhin legte er Wert auf eine ausgezeichnete sportliche und intellektuelle Ausbildung. Zu jener Zeit spielte der Sport bei der Erziehung der Jugend eine wichtige Rolle. Indien hatte damals noch keine zentrale Regierung, sondern setzte sich aus vielen kleinen Königreichen zusammen, die regelmäßig miteinander Krieg führten. Die jungen Männer mußten deshalb das nötige Training erhalten, um ihren König zu Kriegszeiten unterstützen zu können. Allmählich wurde der Prinz auf jedem Gebiet der beste Schüler des Königreichs und ein Meister in der Kriegskunst. Viele Anekdoten erzählen von den Anstrengungen, die der Prinz unternahm, und von seinen ausgezeichneten Leistungen. Als Siddhartha eines Tages mit einem Elefanten kämpfen mußte, warf er das Tier kurzerhand zu Boden. Die tiefe Mulde, die hierbei entstand, soll noch heute zu sehen sein.

Die Heirat – Prinz Siddhartha entdeckt die Außenwelt

Siddharthas Vater gab sich die größte Mühe, um die geistige Entwicklung seines Sohnes unter Kontrolle zu halten. Aus demselben Grund suchte er für ihn bald eine Frau, die schöne Yashodhara, die dem Prinzen einen Sohn gebar, der Rahula genannt wurde. Im Alter von neunundzwanzig Jahren übertrat er zum ersten Mal das Verbot, das sein Vater ihm auferlegt hatte. Siddhartha entfloh verschiedene Male durch die Tore des Palastes, die sich nach den vier Himmelsrichtungen öffneten. Auf seinen Ausflügen nach draußen entdeckte er Aspekte des Lebens, deren Existenz vor ihm sorgfältig verborgen worden waren, wie Krankheit, Alter und Tod. Siddhartha untersuchte das Wesen dieser Phänomene. Er stellte die Frage: «Was ist Krankheit?» Die Antwort lautete: «Krankheit ist das, wovon jedes lebende Wesen irgendwann im Leben einmal betroffen sein wird. Auch du und dein Vater werden das einmal erfahren müssen.» Auf diese Weise untersuchte Siddhartha auch Alter und Tod, die ihn in tiefstes Erstaunen versetzten.

Siddhartha trifft einen Mönch

Als er schließlich auch das vierte Tor passierte, sah er einen Mönch vorbeigehen, dessen Gesicht den Ausdruck von Frohsinn zeigte. Der Mönch lief würdig weiter, und in seinem Blick war tiefste Zufriedenheit zu erkennen. Siddhartha war davon sehr beeindruckt und fragte dessen Begleiter, was für ein Mann das sei. Jener antwortete ihm: «Dieser Mann ist ein Mönch; er folgt einem Weg, der es ihm ermöglicht, sich von allen Formen des Leidens zu lösen – zum Beispiel von jenen, die verbunden sind mit Krankheit, mit dem Alter und mit dem Tod.» Von diesem Augenblick an spürte Siddhartha ein starkes Verlangen, diesem Weg zu folgen.

Siddhartha wählt die kontemplative Lebensweise und wird Asket

Siddharthas Vater konnte sich überhaupt nicht damit abfinden, daß sein Sohn die kontemplative Lebensweise wählte. Siddhartha aber erkannte, daß die Verwirklichung eines erwachten Zustandes unvereinbar sei mit dem Leben als Monarch. Er verließ den Palast. Er ließ seine Frau, seinen Sohn und seinen Vater zurück und flüchtete aus dem väterlichen Königreich. Er traf Yogis, die über die Leerheit meditierten und sich in Askese übten, wie sie zu jener Zeit praktiziert wurde. So gab es zum Beispiel eine Übung, bei der man sich auf einen von vier Feueröfen umgebenen Platz begab. Die Hitze, die durch die Sonne noch verstärkt wurde, mußte so lange wie möglich ausgehalten werden.

Die Erleuchtung

Nachdem Siddhartha jahrelang dem Vorbild seiner asketischen Freunde gefolgt war, kam er zu der Einsicht, daß ihre Übungen ihm keine Antwort auf die Fragen geben konnten, die er sich selbst gestellt hatte. Die Askese schien ihm keine befriedigenden Ergebnisse zu bringen.

Denn den Körper zu quälen förderte keineswegs die Erkenntnis der Natur des Geistes und brachte keine Zufriedenheit.

Eines Tages bot eine Frau ihm eine nahrhafte Mahlzeit aus Reis, Milch und Honig an. Siddhartha nahm das Essen zu sich, worauf sein Körper eine wunderschöne Farbe annahm und eine herrliche Ausstrahlung gewann. Seine Gefährten hielten dies für Schwäche und wandten sich von ihm ab. Nachdem er sechs Jahre lang in ihrer Gemeinschaft verbracht hatte, beschloß Siddhartha, allein weiterzusuchen, bis er den Zustand völliger Erleuchtung erreicht haben würde.

Er praktizierte jetzt eine Meditation, die ihn zur endgültigen Befreiung führen sollte. Mit 35 Jahren erlangte er die Erleuchtung und wurde zum Buddha. Sieben Wochen lang (sieben mal sieben Tage) blieb er in Schweigen gehüllt. «Die Menschen», so dachte er, «würden doch nichts von meiner Verwirklichung verstehen». Er verblieb die ganze Zeit über im Samadhi der Liebe. Die Kraft dieser Meditation wird häufig dargestellt in einem Bild von sich in Blumen verwandelnden Waffen. Schließlich brach der Buddha sein Schweigen und gab der Bitte nach Bekehrung nach. In Benares traf er die fünf Asketen wieder, mit denen er vormals meditiert hatte. Seine Verwirklichung erkennend, baten sie ihn um Unterweisung.

Der erste Lehrzyklus

Auf ihre Bitte hin unterrichtete er sie im ersten Lehrzyklus über das Thema der Vier Edlen Wahrheiten. Dieser Zyklus nahm ungefähr neun Jahre in Anspruch. Während des ersten Zyklus lehrte der Buddha die Wahrheit vom Leiden, die Wahrheit von der Entstehung des Leidens, die Wahrheit von der Aufhebung des Leidens und die Wahrheit von dem zur Aufhebung des Leidens führenden Weg. Später sollte er diese Erkenntnisse vertiefen und weitere Ratschläge dazu erteilen.

Der Buddha nahm auch gleichzeitig wieder Kontakt auf mit den Menschen aus seiner Heimat und mit seiner Familie, insbesondere mit seiner Frau, seinem Sohn und seinem Vater, die seine Schüler wurden. Seine Frau und sein Sohn spielten eine nicht unwesentliche Rolle bei der Überlieferung seiner Lehren.

Der zweite Lehrzyklus

Mit 45 Jahren lehrte der Buddha einen zweiten Zyklus an einem Ort, der «Berg der Geier» genannt wurde. Diese Unterweisungen behandelten vor allem einen Kernbegriff des Buddhismus, nämlich den der «Leerheit». Er war die logische Weiterführung der Lehre über die Vier Edlen Wahrheiten. In diesem zweiten Zyklus setzte der Buddha sich damit auseinander, daß es letztendlich nichts zu kennen gibt, obwohl wir die Wahrheit vom Leiden kennen müßten; daß es letztendlich nichts zu beseitigen gibt, obwohl wir die Ursachen des Leidens beseitigen müßten; daß letztendlich nichts bewirkt werden muß, obwohl wir das Ende des Leidens bewirken müßten; daß letztendlich kein Weg gegangen werden muß, obwohl wir den Weg zur Befreiung gehen müßten. Diese zweite Reihe – auch der Zyklus vom «Wesen ohne Eigenschaften» genannt – hatte zum Ziel, eine schrittweise

Annäherung an den Begriff der Leerheit zu geben. Das nahm 24 Jahre in Anspruch.

Der dritte Lehrzyklus

Im Alter von etwa 60 Jahren begann der Buddha mit dem dritten Lehrzyklus, der auch der «Weg tiefgründiger Bedeutung» genannt wurde. Der erste Zyklus hatte die Wirklichkeit der Dinge behandelt. Der zweite hatte deren Leerheit aufgezeigt. Der dritte Zyklus bildete nun eine Synthese aus den ersten beiden und verknüpfte die zwei verwandten Lehren miteinander. Das ist der Grund dafür, warum er in der Geschichte der Philosophie den Namen der «Lehre vom mittleren Weg» trägt.

Der Tod des Buddha

Der Buddha starb im Alter von 80 Jahren. Zuvor rief er alle seine Schüler zu sich und fragte sie, ob noch etwas erklärt werden müßte, nicht für sie selber, sondern auch für alle nachfolgenden Generationen, die das eine oder andere vielleicht nicht verstehen würden. Diese zusätzlichen Erklärungen nahmen drei Monate in Anspruch. Am 15. Tag des vierten Monats im Kalender verließ der Buddha unsere Welt.

Es werden viele Versionen vom Leben des Buddha erzählt. Die zuverlässigste ist die Überlieferung aus Ceylon.

Überlieferung und Kanonisierung des Buddhismus

Mündliche Überlieferung

Zur damaligen Zeit hielt man es nicht für nötig, Lehren schriftlich festzuhalten, um alte Traditionen zu bewahren. Die mündliche Überlieferung hatte dagegen einen hohen Stellenwert. Die Klarheit und Genauigkeit des Gedächtnisses der Weisen galten als zuverlässiger als der geschriebene Text. Jedes Jahr im Sommer trafen sich die Mönche zu Exerzitien. So kamen nach dem Tode des Buddha 5000 Arhats zusammen und nutzten die Sommerexerzitien, um alle Lehren, die der Buddha gegeben hatte, zusammenzutragen. Später wurden sämtliche Lehren schriftlich niedergelegt.

Schriftliche Überlieferung

Der Buddha selbst hatte angekündigt, daß seine Lehren gesammelt und aufgeschrieben werden sollten. Ihr Inhalt sollte getreu wiedergegeben werden, und auch die Orte, an denen die Lehren gegeben worden waren, sollten genannt werden. Er hatte zugleich den Wunsch geäußert, daß alle Fragen und Antworten ebenfalls mit aufgenommen werden sollten. Der tibetischbuddhistische Kanon zum Beispiel besteht aus hundert Bänden, die die drei erwähnten Zyklen enthalten. Dieses Grundwerk aus hundert Bänden ist eine getreue Wiedergabe der Lehre. Es wurde weder etwas weggelassen noch hinzugefügt. Es sind die authentischen Worte des Buddha. Später verfaßten Gelehrte weitere 200 Bände an Kommentaren. Die Aufgabe der Kommentare besteht im Erklären der kanonischen Lehren. Sie werden als Referenz benötigt, und gegenwärtig bilden diese Kommentare mit dem buddhistischen Korpus ein Ganzes – gleichsam die Bibel des Buddhismus.

Die Verbreitung des Buddhismus in Indien

Wenn eine Gruppe von Menschen sich entschließt, den Buddhismus zu praktizieren, entsteht dabei manchmal eine stark ausgeprägte Infrastruktur. So wurden in Indien und andernorts wichtige Tempel und Klöster errichtet. Die Verbreitung des Buddhismus verlief allerdings anders als die des Hinduismus. In der Tradition des Hinduismus war es üblich, hier und dort je nach Bedarf kleine Tempel zu errichten. Im Buddhismus ging man anders vor: Man wählte einen Platz, auf dem eine geeignete Infrastruktur geschaffen werden konnte, von der eine möglichst große Anzahl von Menschen Gebrauch machen konnte. Wer bereits in Indien gewesen ist, dem sind bestimmt die unterschiedlichen Gewohnheiten aufgefallen. Dies hilft uns zu verstehen, warum der Buddhismus nach der Verwüstung der Lehrzentren so plötzlich aus Indien verschwand.

Zu Lebzeiten des Buddha war seine Philosophie in Indien nur wenigen Menschen bekannt, erlangte aber später eine bemerkenswerte Popularität. Ein Jahrhundert nach dem Tod des Buddha stand der ganze indische Kontinent unter dem Einfluß des Buddhismus. Ashoka spielte bei der Verbreitung der Lehre in Indien wie auch in anderen Ländern eine herausragende Rolle.

Er ließ Säulen errichten – die sogenannten Ashoka-Säulen –,
worauf Inschriften angebracht wurden, die über die Geschichte
der betroffenen Gebiete und den Buddhismus informierten. Ihm
ist es auch zu verdanken, daß wir heute wissen, an welcher Stelle
der Buddha die Erleuchtung erfahren hat und wo er ins Nirvana
eingegangen ist.

Ausbreitung in Asien und Untergang in Indien

Nach dem Tod des Buddha breitete sich der Buddhismus zuerst
in südlicher Richtung, nach Sri Lanka, und im Anschluß daran
auch nach Kambodscha, Birma und Thailand aus. In einer
zweiten Phase zu Beginn des zweiten Jahrhunderts begann er
sich auch im Norden (China, Korea und Japan) zu entfalten. Es
gibt Anzeichen dafür, daß der Buddhismus im vierten Jahrhundert auch in Tibet schon bekannt war. Vom sechsten Jahrhundert an wurde dann der ganze Korpus der schriftlichen Überlieferungen ins Tibetische übersetzt. Der tibetische Kanon wird
heute als der vollständigste angesehen. Fehlen bestimmte Text-
stellen in anderen Sprachen (Pali, Chinesisch, Japanisch und
Koreanisch), so können sie im Tibetischen wiedergefunden
werden. Parallel zur Ausbreitung in den genannten Ländern
verlor der Buddhismus in Indien selbst an Einfluß und verschwand zu Beginn des zwölften Jahrhunderts fast ganz aus dem
Land seines Entstehens. Sein Erlöschen läßt sich dadurch erklären, daß sich die spirituelle Tradition des Buddhismus durch
Gewaltlosigkeit auszeichnet, ohne Missionarseifer agiert und
sich deshalb niemals in aggressiver Art und Weise aufdrängt.
Der Islam hat dem Verschwinden des Buddhismus durch die
systematische Zerstörung von Klöstern und Tempeln Vorschub
geleistet.

Zwei-Säulen-Lehre:
Die Vier Edlen Wahrheiten und die Leerheit

Es lassen sich zwei Strömungen des Buddhismus unterscheiden, von denen sich die eine in nördlicher Richtung und die andere in südlicher Richtung ausgebreitet hat.

Bei der im Süden verbreiteten Lehre liegt der Schwerpunkt auf der Unterweisung in den Vier Edlen Wahrheiten, während im Buddhismus des Nordens die Belehrungen über die Leerheit eine größere Bedeutung haben. Diesen Schwerpunkt findet man auch im Zen oder in anderen Strömungen, die aus der Verbindung der Lehren des Buddhismus und Taoismus entstanden. Im tibetischen, sikkimischen, bhutanischen und mongolischen Buddhismus wird allen drei Lehrzyklen dasselbe Gewicht beigemessen. Bei der Ausbreitung in Asien laufen alle diese Strömungen parallel zur Entstehung zweier großer Traditionen innerhalb des Buddhismus: Theravada (der Weg der Alten) und Mahayana (der Weg des Bodhisattva).

Theravada und Mahayana

Der Theravada geht davon aus, daß das Individuum sich selbst erst von aller Negativität und allem Anhaften befreien muß. Deshalb legt diese Tradition großen Wert auf ethische Verhaltensregeln und Methoden, um den Geist zur Ruhe zu bringen. Die Klostergemeinschaft spielt hierbei eine tragende Rolle.

Die Mahayana-Tradition geht davon aus, daß alle Lebewesen auf der Suche nach Glück sind. Da die Gesamtheit aller Lebewesen natürlich wichtiger als das einzelne Individuum ist, arbeitet man hier vor allem zum Wohlergehen aller. Nicht nur Mönche und Nonnen, sondern auch Laien können demnach praktizieren und sich von Leiden befreien. Der Vajrayana ist Teil des Mahayana und lehrt «geeignete Methoden», mit deren Hilfe man die Erleuchtung innerhalb eines Lebens erlangen kann: unter anderem Visualisitionen und das Rezitieren von Mantras. Die wechselseitige Abhängigkeit der drei Ebenen von Belehrungen ergibt sich aus der Tatsache, daß niemand den Vajrayana üben kann, ohne eine umfassende Kenntnis von Theravada und Mahayana zu haben und deren Methoden auch in der Praxis geübt zu haben.

Die Bedeutung der Übersetzung

Die Bedeutung und die Qualität der Übersetzungen, die während der Expansion des Buddhismus in den verschiedenen asiatischen Ländern unternommen wurden, dürfen keinesfalls unerwähnt bleiben. Betrachten wir zum Beispiel die Prajnaparamita-Sammlung, eine Sammlung von Unterweisungen über die Leerheit. Wenn man zwei englische Versionen dieser Texte miteinander vergleicht, von denen die eine aus dem Japanischen und die andere aus dem Tibetischen übersetzt wurden, dann kann man feststellen, daß beide nahezu identisch sind. Dies zeigt, daß der Originaltext in beide Sprachen sorgfältig übersetzt wurde. Obwohl Japan und Tibet so weit auseinander liegen, können sie auf die gleichen Lehrtexte zurückgreifen.

Buddhismus und Wohlstand

Wenn wir die Geschichte der verschiedenen Länder Asiens – wie zum Beispiel Chinas, Japans und Indiens – untersuchen, können wir feststellen, daß die Blütezeit eines jeden Landes mit der Periode zusammenfiel, in der der Buddhismus seine größte Ausbreitung erfuhr. Auffallend ist auch, daß sich die wirtschaftliche Blüte, sobald der Buddhismus verschwand, abzuschwächen begann. Der Buddhismus scheint daher in jedem Land mit einer

Wohlstands- und Friedensperiode einherzugehen. Die heutige Situation in Tibet bestätigt diese Vermutung. Der *Dharma* ist dort in Gefahr, in Vergessenheit zu geraten, und das Los der Tibeter wird von Tag zu Tag aussichtsloser.

Wohltuende Einflüsse des Buddhismus

Wie erklärt man sich den wohltuenden Einfluß des Buddhismus in allen Ländern, in denen er sich zur vollen Blüte entfaltet?

Glück für alle

Eine Ursache ist zweifellos die Tatsache, daß man im Buddhismus jede Unterscheidung auf der Basis von Geschlecht, von Rasse und von sozialer Klasse verwirft. Im Gegensatz zum Hinduismus gibt es den Begriff *Kaste* in der Lehre des Buddha nicht. Man geht von der Tatsache aus, daß jedes Wesen vom Verlangen nach Glück bestimmt wird. Das Streben nach Glück ist ein fundamentaler Impuls, der allen Lebewesen ohne Ausnahme eigen ist. Wir versuchen – jeder auf seine eigene Art und Weise – uns gegen jegliche Art von Leiden abzuschirmen. Obendrein ist unser persönliches Glück direkt mit dem Glück anderer Menschen verbunden, und wir können nicht wirklich glücklich sein, wenn die anderen nicht auch glücklich sind. Diese Erkenntnis hat nicht bei allen Buddhisten denselben hohen Stellenwert. Man muß sogar zugeben, daß manche Buddhisten von Zeit zu Zeit dazu neigen, es zu vergessen; trotzdem bleibt dieses Prinzip eine der wesentlichen Grundlagen der Lehre des Buddha.

Der Geist der Offenheit

Eine andere Eigenschaft dieses spirituellen Pfades ist der Geist der Offenheit und Toleranz. Weder verwirft der Buddhismus andere Traditionen, noch setzt er sie herab, und er respektiert die positiven Einflüsse anderer Denksysteme. Das motivierte Einstein dazu zu sagen:

> Die Religion der Zukunft wird eine kosmische Religion sein. Sie wird die Idee eines persönlichen Gottes überschreiten und Dogmen und Theologie aufgeben. Natürliches und Spirituelles einbeziehend, wird sie sich auf die religiöse Bedeutung einer Erfahrung von Einheit gründen, die alle Erscheinungen verbindet. Diesen Kriterien entspricht der Buddhismus. Wenn es eine Religion gibt, die eine Antwort auf moderne und wissenschaftliche Bedürfnisse gibt, dann ist es wohl der Buddhismus.

Buddhismus als Religion und als Wissenschaft

Ein drittes Kennzeichen des Buddhismus ist, daß man ihn gleichzeitig als Religion und als Philosophie bezeichnen kann. Menschen, die einen Weg suchen, der sich auf Hingabe und Gebet stützt, können im Dharma diese Mittel zur geistigen Weiterentwicklung finden. Diejenigen dagegen, die den Weg der kritischen Analyse der Debatte und der logischen Erklärung bevorzugen, können den Buddhismus auch als eine Philosophie ansehen. Manchmal wird der Dharma auch als die «Wissenschaft vom Geist» bezeichnet.

Ethik

Der erste Lehrzyklus

Grundbegriffe

Bestimmte Begriffe, die verwendet werden, benötigen eine Erklärung. Sie sind bereits integrierter Bestandteil des ersten Lehrzyklus, der die Vier Edlen Wahrheiten behandelt.

Gewöhnliche Wesen und erleuchtete Wesen

In der buddhistischen Lehre wird häufig zwischen «gewöhnlichen Wesen» und «erleuchteten Wesen» unterschieden. «Wesen» bedeutet hier «mit Geist begabt». Ein Wesen ist «gewöhnlich», wenn sein Geist Leid kennt. Die Ursachen des Leidens sind störende Geistesfaktoren oder störende Emotionen. Bei einem gewöhnlichen Wesen steht der Geist also noch unter dem Einfluß dieser Emotionen. Demgegenüber ist der Geist eines *erleuchteten* Wesens nicht länger derartigen störenden Emotionen und folglich auch nicht länger dem Leiden unterworfen.

Störende Emotionen

Störende Emotionen sind Gedanken oder Geistesfaktoren, die untugendhafte Einstellungen hervorrufen. Man unterscheidet dabei drei Gruppen, die in sechs weitere unterteilt werden. Die sechs hauptsächlichen störenden Emotionen sind: Begierde, Abneigung, geistige Trübung, Stolz, Eifersucht und Geiz. Wenn uns Gefühle der Unzufriedenheit oder der Frustration überkommen, können wir die Ursache davon immer einer dieser störenden Emotionen oder sogar mehreren gleichzeitig zuschreiben. Darum werden diese Emotionen auch manchmal «Gift» genannt, weil sie den Geist in ein ungesundes Ungleichgewicht bringen. Je nach der Menge Gift in unserem Körper sind wir in kleinerem oder größerem Maße krank. Ebenso bestimmt der Grad der Intensität störender Emotionen das Leiden, das wir empfinden. Ein mäßiger Zorn verursacht kaum Unannehmlichkeiten, aber wenn der Zorn größer wird, kann daraus schwereres Leid entstehen.

Leiden

Leiden beschränkt sich nicht auf physische Schmerzen, sondern umfaßt die ganze Bandbreite von Unzufriedenheit, Frustration, Unruhe, Angst und physischem Leiden.

Der Buddha unterschied drei Arten des Leidens:

- Leiden aus dem Leiden
- Leiden aus der Veränderung
- Das allem Zusammengesetzten innewohnende Leiden

Leiden aus dem Leiden bedeutet Leiden aus sich selbst. Eine Person wird zum Beispiel mit einem Problem in der Familie konfrontiert, das Leiden verursacht. Zu diesem Problem gesellt sich vielleicht noch ein Streit mit einem Freund hinzu. Das zweite Problem bringt zusätzliches Leiden mit sich. Das Leid der Person vergrößert sich. Für einen derartigen Fall gilt die Bezeichnung «Leiden aus dem Leiden».

Leiden aus der Veränderung wird – wie der Name bereits andeutet – durch schmerzhafte Veränderungen verursacht, die das Dasein mit sich bringt. Die Vergnügungen und angenehmen Erfahrungen von Samsara verwandeln sich immer irgendwann in Leiden. Während im ersten Fall der Ausgangspunkt noch das Leiden selbst ist, ist hier das Glück Ursache des Leidens. Und schließlich gibt es noch die Erfahrungen der Indifferenz, die ebenfalls Leiden verursachen können.

Das allem Zusammengesetzten innewohnende Leiden, der dritte Typus des Leidens, ist komplexer und erfordert eine differenziertere Erläuterung. Das Leiden, das aus allen zusammengesetzten Phänomenen entsteht, ist dem Dasein inhärent. Es ist zwar allgegenwärtig, aber wir bemerken es nicht, da es zu subtil ist. Wenn jemand, der sich einem schweren chirurgischen Eingriff unterzogen hat und unter starken postoperativen Schmerzen leidet, obendrein noch leichte Kopfschmerzen bekommt, dann spürt er diese häufig nicht einmal. Die Intensität des hauptsächlichen Schmerzes läßt die kleinen damit verbundenen Schmerzen vergessen. Auf ähnliche Weise wird der dritte Typus – das Leiden, das allem Zusammengesetzten innewohnt – durch die ersten zwei Leiden verborgen und bleibt demzufolge unbemerkt.

Dieses Phänomen können wir mit einem zweiten Beispiel verdeutlichen. Wenn ein Staubkorn auf unseren Arm fallen würde, würden wir nichts davon spüren. Würde dasselbe Staubkorn aber in unser Auge geraten, würde das Auge zu tränen beginnen, da es empfindlicher als der Arm ist. In der jetzigen Situation ist die Feinheit unseres Gespürs zu vergleichen mit der des Arms. Deshalb werden wir des Leidens, das allem Zusammengesetzten innewohnt, nicht gewahr. Wesen dagegen, die auf spirituellem Gebiet weiter fortgeschritten sind und sich von den ersten beiden Arten des Leidens befreit haben, sind sich dieses Leidens bewußt, so wie das Auge auch das Staubkorn spürt.

Tugendhafte Handlungen

Wenn wir uns um tugendhafte Handlungen bemühten, das heißt, wenn wir Tugend üben, sind Ergebnisse damit verbunden. Was bedeutet das nun: tugendhafte oder untugendhafte Handlungen?

Wir unterscheiden drei Handlungen des Körpers, vier Handlungen der Sprache und drei Geisteshandlungen. Untugendhafte Handlungen auf der Ebene des Körpers sind: Töten, Diebstahl und unangemessenes Sexualverhalten. Auf der Ebene der Sprache handeln wir untugendhaft, wenn wir lügen, Zwietracht säen, eine aggressive Sprache verwenden oder über Nebensächlichkeiten schwatzen. Auf der Ebene des Geistes gibt es drei untugendhafte Haltungen: Böswilligkeit, Mißgunst und falsche Ansichten. Die tugendhaften Aktivitäten bestehen darin, daß wir Leben retten anstatt zu töten, freigebig sind anstatt zu stehlen, daß wir eine grundsätzlich gute ethische Haltung einnehmen, uns einer Sprache bedienen, die Harmonie erzeugt usw. Die ersten sieben untugendhaften Aktivitäten sind nicht immer untugendhaft: Es kommt immer auf die Umstände an. Die drei untugendhaften Geisteshaltungen können jedoch niemals tugendhaft sein. Zur Verdeutlichung folgt hier eine Anekdote aus einem der früheren Leben des Buddha.

Während einer Reise befand sich eine große Anzahl Menschen auf einem Boot. Ein riesiges Tier näherte sich dem Boot und trachtete danach, es zum Sinken zu bringen. Das hätte den Tod aller Mitfahrenden bedeutet. In diesem Augenblick beschloß der Buddha, das Tier zu töten, um das Leben der annähernd fünfzig Personen auf dem Boot zu retten. Also hängt alles von den Umständen ab, wenn man bestimmen will, ob eine Tat positiv oder negativ ist. Es sind nicht die äußerlichen Bedingungen, die zählen, sondern die Motivation, aus der eine Handlung hervorgeht. Eine Tat kann als tugendhaft bezeichnet werden, wenn der erste geistige Impuls positiv ist. Was man von außen sieht, ist deshalb nicht das einzige Kriterium. In der Tat gibt es vier Kriterien, die bestimmen, ob eine Tat tugendhaft ist oder nicht: die Basis, die Motivation, die Verwirklichung und die Vollendung. Nehmen wir das Beispiel des «Tötens»: Die *Basis* ist, daß wir genau wissen, wen wir töten wollen. Das Opfer ist eindeutig bestimmt. *Motivation* bedeutet, daß in unserem Geist der Gedanke und der Wunsch Form annehmen, diese Person zu töten. Die *Verwirklichung* ist die Tat des Tötens selbst, und die *Vollendung* beinhaltet, daß danach kein Bedauern aufkommt, sondern das Gefühl, daß die Tat richtig und gut war. In der Anekdote vom Buddha war die Tat gänzlich tugendhaft.

Karma

Wir haben nun die wesentlichen störenden Emotionen definiert und gesehen, wie sie, wenn untugendhafte Handlungen dazukommen, Leiden verursachen. Jetzt müssen wir analysieren, was Karma ist, weil Karma die direkte Folge unserer Emotionen und unseres Handelns auf der Ebene des Körpers, der Sprache und des Geistes ist. Karma, ein Ausdruck aus dem Sanskrit, bedeutet *Tat, Handeln*. Karma ist das Ergebnis aller Handlungen, die wir ausüben: Positives Karma ist das Ergebnis tugendhafter Handlungen, negatives Karma hingegen das Ergebnis untugendhafter Handlungen. Es existiert ein direkter Zusammenhang zwischen den störenden Emotionen und dem negativen Karma. Unter dem Einfluß von Gefühlen wie Wut, Neid, Anhaftung usw. handeln wir in negativer Weise. Negatives Handeln kann nur Leidenserfahrungen mit sich bringen. Die Wiederholung von untugendhaften Handlungen bedeutet das Ansammeln von negativem Karma. Nach dem Verursacher-prinzip werden uns positive geistige Impulse wie Liebe und Mitgefühl dazu motivieren, tugendhafte Aktivitäten zu entwik-keln. Das Gesetz von Ursache und Wirkung läßt sich deshalb auch auf tugendhaftes Handeln anwenden, weil es uns zu Glückserfahrungen führt.

Das Gesetz von Ursache und Wirkung

Wie funktioniert nun genau dieses Gesetz von Ursache und Wirkung, das häufig auch das «Gesetz des Karma» genannt wird? Angenommen, wir würden von Neid gequält. Dieser Neid kann sich auf die geistige Ebene beschränken und nicht zu konkreten Handlungen führen, ist aber ständig präsent. Wenn nun der Neid zu stark wird, bringt er uns dazu, bestimmte Dinge zu sa-gen oder bestimmte Taten zu begehen. Alle drei Komponenten unseres Wesens – der Körper, die Sprache und der Geist – kön-nen daher vom Handeln betroffen sein; der Geist ist dies jedoch immer. Im allgemeinen wird angenommen, daß der Prozeß ab-geschlossen ist, wenn die Tat erst einmal geschehen ist. Das ist jedoch nicht der Fall. Unsere Aktivitäten lassen Eindrücke und Spuren zurück. Diese Eindrücke werden in der *Bewußtseinsbasis von allem* (siehe Glossar: *Alaya-vijnana*) gespeichert. Dieses Be-wußtsein gleicht einem Magnetband, das alles aufnehmen kann. Wenn bestimmte Umstände und Voraussetzungen gegeben sind, können diese latent gewordenen Eindrücke erneut aktiviert werden.

Ein sehr einfaches Beispiel erklärt dieses Wiederfindungsphä-nomen. Vielleicht haben Sie auf der Schule Englisch gelernt, ha-ben aber den Eindruck, daß Sie, wenn Sie die Sprache lange nicht mehr gesprochen haben, alles vergessen haben. Begegnen Sie nun jemandem, der Englisch spricht, und Sie möchten mit ihm sprechen, dann werden Sie überrascht feststellen, daß Sie längst nicht alles vergessen haben. Die gelernten Worte kommen Ihnen wieder in den Sinn, d. h. sie werden erneut durch die Begegnung und durch das Bedürfnis zu sprechen aktiviert. Auf dieselbe Weise können die Eindrücke, die in unserem Bewußtsein gespeichert sind und fundamentale Tendenzen unseres Wesens darstellen, wieder aufleben und bestimmte Ergebnisse zur Folge haben. Das Gesetz von Ursache und Wirkung, das Gesetz vom *Karma*, beruht auf der Tatsache, daß die Ursachen – das heißt, die Eindrücke vorheriger Taten, die in der *Bewußtseinsbasis von allem* gespeichert und latent geworden sind – sich in Ergebnisse und Wirkungen verwandeln. Diese Ergebnise können sich entweder ziemlich schnell oder verzögert niederschlagen. Manchmal gehen Jahre ins Land, ehe ein solcher Eindruck wieder aktiviert wird. Manchmal kann es sogar mehrere Leben dauern, bis ein Eindruck auf die Ursachen und Bedingungen trifft, die zu seiner Reaktivierung führen. Wenn beim Tod das Bewußtsein (der Geist) in ein anderes Dasein übergeht, werden die Eindrücke mitgenommen. Das Gesetz vom Karma – das heißt, die Verbindung zwischen Ursache und Wirkung – wirkt sich daher nicht nur in diesem Leben aus, sondern geht von dem einen Daseinszustand in den nächsten über. Man stellt sich vielleicht von Zeit zu Zeit die Frage, warum sehr gute Menschen manchmal mit so großen Problemen in ihrem Leben konfrontiert werden, während andere, deren Verhalten von Negativität geprägt ist, in diesem Leben so viel Glück erfahren. Falls die Geschehnisse im Leben dieser Menschen allein durch Handlungen ihres gegenwärtigen Daseins verursacht worden sind, dann würde dies einen großen Widerspruch beinhalten, eine nicht zu erklärende Unregelmäßigkeit, die im Gegensatz zu dem Gesetz von Ursache und Wirkung steht. Dazu kann es jedoch kommen, weil die Situationen, die wir jetzt erleben, Eindrücke aktivieren, die wir in früheren Leben angesammelt haben. Das führt uns zu einem anderen Schlüsselwort des Buddhismus: Wiedergeburt.

Wiedergeburt

Der Westen beginnt, sich mit der Idee von Wiedergeburt und Transmigration (das Übergehen des Bewußtseins von einem Leben in das nächste) auseinanderzusetzen. Das läßt sich an den zahlreichen Gruppen erkennen, deren Mitglieder versuchen, ihren früheren Leben auf die Spur zu kommen. Amüsant ist, daß sich die Interessierten meistens daran erinnern, daß sie in einem früheren Leben ein ägyptischer Priester oder ein tibetischer Lama waren! Das Phänomen der Wiedergeburt ist leicht zu verstehen, wenn man weiß, daß alle Erscheinungen vom Gesetz von Ursache und Wirkung beherrscht werden. Nehmen wir als Beispiel einen Grashalm. Der Grashalm ist sicher nicht einfach aus dem Nichts zum Vorschein gekommen. Sein Dasein ist mit bestimmten Ursachen verbunden und gewissen Bedingungen unterworfen. Warum sollte das Bewußtsein diesem Gesetz, dem alle anderen Phänomene unterworfen sind, nicht unterliegen? Wie könnte unser Bewußtsein aus dem Nichts kommen? Sollte es keinen einzigen Ursprung haben? Und sollte es zum Zeitpunkt des Todes ganz und gar verschwinden?

Der Buddha lehrte, daß das Bewußtsein nur dank des vorhergehenden Bewußtseinsmoments existieren kann. Geistige Kontinuität ist die Grundidee der Wiedergeburt. Das Bewußtsein kennt weder Anfang noch Ende, sondern geht von einem Dasein ins nächste. Hier stellt sich die Frage, wodurch die unterschiedlichen Wiedergeburtsformen bestimmt werden. Das führt uns zu dem Begriff von *Samsara,* einem Begriff aus dem Sanskrit für den Kreislauf der Existenzen.

Samsara

Wenn die Neigungen eines Menschen einen eher positiven Charakter aufweisen, dann wird ein Wesen in einer der drei Klassen der höheren Daseinsformen wiedergeboren: derjenigen der Götter, der Halbgötter und der Menschen. Diese drei Klassen zeichnen sich durch einen hohen Grad an Glück aus.

Sind demgegenüber die vorherrschenden Neigungen eher negativ und untugendhaft, dann wird solch ein Wesen in einer der drei Klassen der niederen Daseinsformen wiedergeboren: als Tier, als Hungergeist oder als Höllenwesen. Es wird dann von unzähligen Leiden gequält, die typisch für diese Daseinsform sind.

Die Gesamtheit der sechs Daseinsklassen nennt man «Samsara» oder «Kreislauf der Existenzen». Vom Wind ihres Karma getragen, irren die Wesen durch diese sechs Ebenen, ohne aus dem endlosen Kreis des Geborenwerdens und Sterbens entkommen zu können. Erst die Erleuchtung führt zur Befreiung aus diesem Teufelskreis. Das menschliche Wesen nimmt eine Zwischenposition innerhalb der Daseinsklassen ein. Denn Menschen kennen Glück und Leiden zugleich. In Europa wird häufig die Frage gestellt, ob diese Daseinsebenen irgendwo im Raum festgemacht werden können. Nach den buddhistischen Lehren (mit Ausnahme der Vaibhashika-Schule) können die Daseinswelten nicht auf diese Art lokalisiert werden, weil sich die Erfahrungsebenen außerhalb eines jeglichen Raumverständnisses befinden. Das Beispiel des Traumzustands illustriert passend diese Idee. In unseren Träumen erleben wir Zeiten des Glücks und des Leidens, an die wir unmittelbar während des Traums glauben. Erst nach dem Aufwachen erkennen wir, daß all diese Traumerlebnisse nicht real waren. Derartige rein geistige Erfahrungen sind Ausdruck der fundamentalen Tendenzen unseres Seins. Die Bilder und die durchlebten Zustände während des Traums sind vollkommen imaginär, machen aber dennoch die Erfahrung der träumenden Person aus. In gleicher Weise sind die sechs Daseinsebenen Erfahrungen, die, obwohl absolut gesehen bar jeglicher Realität, den Wesen in Samsara als wirklich erscheinen, da ihr Karma so beschaffen ist, daß sie sich ihnen in dieser Form darstellen.

Die Vier Edlen Wahrheiten

- Die Wahrheit des Leidens
- Die Wahrheit von der Entstehung des Leidens
- Die Wahrheit von der Aufhebung des Leidens
- Die Wahrheit des Weges, der zur Aufhebung des Leidens führt

Das Leiden und die Entstehung des Leidens

Der Ausgangspunkt der Lehre des Buddha ist die Feststellung, daß alle Wesen leiden. Das ist die erste Edle Wahrheit. Von dieser Feststellung ausgehend, fragte sich der Buddha, was die Ursache, der Ursprung allen Leidens sei. Denn es erscheint tatsächlich nicht einfach ohne Grund, sondern ist eine logische Folge bestimmter Ursachen.

Die Wahrheit von der Entstehung des Leidens, die zweite Edle Wahrheit, benennt die Ursachen des Leidens: störende Emotionen und Karma. Der Daseinszyklus unterliegt dem Gesetz von Ursache und Wirkung und ist deshalb sicherlich keine chaotische Erscheinung. Bestimmte Ursachen haben bestimmte Ereignisse zur Folge, und das Herumirren der Wesen innerhalb dieses Kreises ist der fehlerlosen Funktionsweise dieses Gesetzes unterworfen. Die Frage, die sich jetzt spontan stellt, ist folgende: «Kann man sich aus diesem Zyklus der Daseinsformen befreien?»

Die Aufhebung des Leidens

Gezwungenermaßen führt diese Frage zu einer weiteren Untersuchung des Begriffs *Freier Wille* und – allgemeiner formuliert – zum Begriff *Freiheit*. Das Leiden, dem wir in unserem Leben begegnen, scheint uns einfach zu überfallen. Nie verlangen wir danach zu leiden. Wir haben den Eindruck, Opfer des Leidens zu sein, und glauben niemals, daß wir diese Situation *verursacht* hätten. Wir sind nie völlig Meister unserer Erfahrungen. Sollte das der Fall sein und dürften wir, was unsere Zukunft betrifft, die freie Wahl haben, dann würden wir immer nur das Glück wählen und wären sehr glücklich. Anscheinend gibt es etwas, das unserem Glück, nach dem wir so sehr trachten, im Wege steht. Wir werden durch unser Karma, das Ergebnis unseres früheren Handelns, bestimmt. Aber Karma ist keine Erscheinung, die außerhalb von uns zu finden wäre. Wir verfügen innerhalb gewisser Grenzen über einen freien Willen und über die Freiheit unseres Handelns. Wir haben die Wahl, unser Leben selbst in die Hand zu nehmen und dadurch das Leiden zu verringern. Die dritte Edle Wahrheit, oder die Wahrheit von der Entstehung des Leidens, weist auf das Ziel hin, das wir erreichen können: das Ende jeglicher Form des Leidens. Wie können wir das erreichen?

Der Weg, der zur Aufhebung des Leidens führt

Wenn wir beschließen, für unser eigenes Wohl und für das Wohl der anderen zu handeln, können wir dem Einfluß des Karma und unseren fundamentalen Neigungen entkommen und den Zustand völliger Erleuchtung, den Zustand des Buddha, erlangen. Es ist nicht nötig, dafür in ein anderes Land zu ziehen oder in ein neues Dasein hineingeboren zu werden. Den Zustand des Buddha kann man im eigenen Land verwirklichen, sogar zu Hause, denn diese Verwirklichung geschieht in unserem Geist. Es genügt, die Ratschläge für den Weg, so wie sie der Buddha gegeben hat, in die Praxis umzusetzen. Das nennt man die vierte Edle Wahrheit oder die Wahrheit des Weges. Die Wahrheit des Weges umfaßt eine große Bandbreite von Ratschlägen und Übungen, um dieses Ziel zu erreichen. Die Vier Edlen Wahrheiten formen einen Eckpfeiler der Lehre des Buddha.

Fragen und Antworten

Muß man all seinen Besitz aufgeben, um das Anhaften zu bekämpfen?

Oft wird der große Meister Naropa zitiert, der einmal gesagt hat: «Sohn, nicht die Erscheinungen selbst sind unheilvoll, sondern das Anhaften daran.» Wenn man nicht mehr an Hab und Gut hängt, kann Besitz nicht zu schlechten Ergebnissen führen. Das gleiche gilt für Emotionen. Wenn Gefühle der Wut und der Eifersucht in unserem Geist aufkommen und wir nur feststellen, daß sie da sind, anstatt sie zu nähren und noch zu verstärken, dann verlieren sie ihren Einfluß. Wir müssen uns deshalb darin üben, von unseren Emotionen Abstand zu gewinnen. So können wir vermeiden, daß wir uns in ihnen verlieren und von ihnen überwältigt werden. Besitz muß nicht aufgegeben werden. Er kann sinnvoll verwendet und auch erhalten werden. Nur ist es besser, sich nicht von ihm bestimmen zu lassen.

Ist die Folge einer derartigen Haltung nicht ein völliger Mangel an Emotionen, selbst an positiven?

Nein, die Verringerung von störenden Emotionen – also denen, die negative Wirkungen haben – schafft mehr Raum für die Entwicklung von positiven Emotionen. Nehmen wir als Beispiel das Eheleben. Wenn ein Paar einen Ehekrieg führt, sich ständig streitet und sich über seine Kinder beklagt, dann wird das Leben zur Hölle, und für die Liebe bleibt kein Platz. In Familien dagegen, in denen die Mutter immer vergnügt ist, in denen der Mann seine Frau respektiert und in denen die Kinder gehorchen, wird das Leben angenehm und sehr harmonisch sein. Glauben Sie nicht, daß die Praxis des Buddhismus Sie trocken und gefühllos macht wie ein Stück dürres Holz oder daß er Sie in einen Zustand der Abwesenheit, in eine Art Betäubung, versetzt. In Bars sieht man häufig Menschen, die ein Glas zuviel getrunken haben und nur noch dasitzen und vor sich hinstarren. Es ist nicht das Ziel der buddhistischen Praxis, zu derartigen Zuständen der Teilnahmslosigkeit zu führen.

Warum vergleicht man den spirituellen Weg oftmals mit einer Therapie?
Weil man die Person, die den spirituellen Weg geht, als jemanden ansehen kann, der an einer Krankheit leidet. Unter «Krankheit» versteht man hier alle Probleme und Schwierigkeiten, mit denen unser Geist im täglichen Leben konfrontiert wird. So sind wir alle mehr oder weniger krank. Um uns von diesen Krankheiten befreien zu können, brauchen wir einen Arzt, einen geistigen Lehrer. Dieser wird uns adäquate Medizin geben: die angemessenen Ratschläge und Anweisungen für unsere Übungen. Eine Krankheit erfordert auch oft Menschen, die uns versorgen. Auf spiritueller Ebene wird diese Rolle durch den Sangha, durch die Gemeinschaft der Praktizierenden, die sich gegenseitig helfen, übernommen. Es ist natürlich wichtig, aus dieser ganzen Palette an Arzneien diejenige auszuwählen, die die Krankheit, an der wir leiden, heilt.

Ist es möglich, das Nirvana oder die Befreiung zu umschreiben?
Nehmen wir erneut die Idee von Samsara auf, dem Teufelskreis, dem endlosen Rad der Daseinsformen. Wir haben gesehen, daß die Emotionen und das Karma uns völlig in diesem endlosen Zyklus gefangen halten. Befreiung erlangt man, indem man diesen

Zyklus überwindet und verläßt. Das geschieht in dem Augenblick, in dem die Triebkräfte, die uns an Samsara binden – das heißt, die störenden Emotionen und das Karma –, aufhören zu existieren. So brauchen wir nicht länger an diesem Zyklus des Samsara teilzunehmen. Das Entkommen aus diesem Zyklus nennt man Befreiung. Solange wir an das endlose Rad der Daseinsform gebunden sind, sind wir weder frei noch unabhängig. Wir sind abhängig, Opfer unserer eigenen Emotionen und Irrtümer. Befreiung bedeutet mit anderen Worten, echte Freiheit und Unabhängigkeit zu erreichen.

Aber dann könnte man doch besser gleich tot sein?
Auf keinen Fall, denn durch das Sterben werden die Probleme nicht gelöst. Sie kommen wieder. Ebenso wie verwelkende Blumen dafür sorgen, daß im nächsten Jahr wieder andere Blumen blühen.

Nirvana – dieser Begriff bleibt immer noch etwas mysteriös. Ist eigentlich noch ein Individuum vorhanden, wenn man diesen Zustand erreicht? Oder kann man das eher als eine Art absolutes Nichts umschreiben?
Im Zustand des Nirvana öffnet sich der Geist dem reinen Bewußtsein. Der Geist erlangt in diesem Augenblick die Fähigkeit, sich aller Dinge, die geschehen, bewußt zu sein, eine Fähigkeit, die er nie mehr verlieren wird. Es ist im übrigen durchaus möglich, daß in diesem Augenblick jemand das Nirvana erreicht!

Worin unterscheiden sich die Gottheiten, über die der Buddhismus spricht, vom christlichen Gott?
Es ist wichtig, sich nicht verwirren zu lassen, denn das Wort «Gott» hat in den beiden Traditionen nicht die gleiche Bedeutung. Für die Christen ist Gott der allmächtige Schöpfer des gesamten Universums. Im Buddhismus sind die Götter Wesen, die durch eine große Anzahl tugendhafter Handlungen viel gutes Karma angesammelt haben. Dank der Verdienste, die sie sich

durch ihre Aktivitäten erworben haben, werden diese Wesen in eine der sechs Daseinsklassen von Samsara (dem Rad der Lebensformen) hineingeboren: das Niveau der Götter. Ihr Dasein wird gekennzeichnet durch ein sicheres Wohlergehen, das das Resultat ihres früheren Verhaltens ist. Wenn das Potential ihres positiven Karmas erschöpft ist, fallen sie zurück auf ein niedrigeres Daseinsniveau: Sie werden als Mensch oder Tier wiedergeboren. Nach der tibetischen Astrologie gibt das astrologische Zeichen, unter dem jemand geboren ist, manchmal einen Hinweis, daß er in seinem früheren Leben ein Gott war.

Es ist interessant zu hören, daß Harmonie in Ihrer Tradition hoch angesehen wird. Hat man demzufolge im Westen eine falsche Vorstellung vom Buddhismus, wenn man der Meinung ist, daß er in seinen vielfachen Formen der Praxis recht zusammenhanglos erscheint?
Ich meine, daß diese große Vielfalt geradezu nötig ist, da sie gegenüber einem monolithischen System unübersehbare Vorteile bietet. Als ich vor zehn Jahren zum ersten Mal nach Europa kam und ein Kaufhaus betrat, war das für mich eine äußerst frustrierende Erfahrung. Ich konnte nämlich nicht finden, was ich brauchte. Nun, nach all den Jahren schätze ich die großen Auswahlmöglichkeiten und denke, daß Vielfalt ein Pluspunkt ist. Ebenso ist es beim Buddhismus: Aus der großen Vielfalt kann sich jeder ganz individuell das auswählen, was er braucht.

Sagt der Buddhismus auch etwas über gesellschaftliches Engagement? Bisher ging es nur um die individuelle Befreiung.
Ich denke, daß es sehr viel darüber zu sagen gibt. Wenn wir es auf weltlicher Ebene betrachten, können wir sagen: Die Welt wird erst dann gut sein, wenn die in ihr lebenden Menschen ein gutes Verhalten entwickeln. Die Menschen entwickeln jedoch erst dann ein gutes Verhalten, wenn ihr Geist eine gute Einstellung entwickelt hat. Denn Frieden entsteht im Geist. Das kann in der Folge zweifellos Einfluß auf das soziale Umfeld haben.

Der Kernpunkt des Buddhismus ist, daß man innerlich von der Notwendigkeit, anderen zu helfen, überzeugt ist. Wenn die Mitglieder einer Familie sich zum Beispiel eine positive Geisteshaltung zur Gewohnheit gemacht haben, dann übt das unbestreitbar Einfluß auf die Beziehung zwischen Kindern und Eltern und auf die Beziehung aller zueinander aus.

Ist der Buddhismus die Grundlage für den Vegetarismus?
Es gibt für Buddhisten keine Verpflichtung zum Vegetarismus. Natürlich wird der Rat gegeben, besser kein Fleisch zu essen, aber im Buddhismus gibt es keine dogmatischen Vorschriften. Das ist nicht sinnvoll.

In unserer westlichen Philosphie werden die störenden Emotionen oftmals als Quellen großer Kunst gesehen. Wie sieht es damit aus?
Die Emotionen, um die es hier geht, sind wirklich störende Faktoren. Aggressivität zum Beispiel wird kaum zu großer Kunst führen. Ebensowenig wird Eifersucht als solche hohe künstlerische Werte hervorbringen. Es geht also eher um Energien und Kräfte, die tatsächlich störend wirken.

Auch im Christentum ist vom Loslassen des Ego die Rede. Soweit ich es richtig verstanden habe, ist das ein sehr wichtiges Bestreben im Budhismus. Ist es aber nicht so, daß das Christentum diesen Gedanken mit einer weiteren Idee verknüpft, der Idee der tätigen Nächstenliebe nämlich, die fordert, sich dem anderen mit ganzem Herzen zu widmen und folglich um des anderen willen sich selbst aufzugeben?
Im Buddhismus haben Liebe und Mitgefühl einen hohen Stellenwert. Sie sind die Säulen des Buddhismus, und darauf wird starker Nachdruck gelegt. Dabei geht es nicht nur um Liebe und Mitgefühl für die Mitmenschen, sondern auch um unermeßliche Liebe und unbegrenztes Mitgefühl. Ob man nun Buddhist ist oder nicht, ob das Objekt unseres Mitgefühls Buddhist ist oder nicht, ob es um menschliche Wesen geht oder nicht – man sollte

sich stets darum bemühen, Mitgefühl und Liebe zu entwickeln. Alles mündet schließlich in ein absolut grenzenloses Mitgefühl.

Ich hoffe, daß ich das falsch verstanden habe, aber nach dieser Auseinandersetzung mit dem Buddhismus sitze ich hier mit dem unangenehmen Gefühl, daß ich all das Leiden, das ich ertragen muß, mir selbst zufüge. Das kann ich mir nicht vorstellen. Die zehn schlechten Taten, die Sie gerade aufgezählt haben, habe ich nie begangen, und trotzdem werde ich mit Leiden konfrontiert.

Vielleicht ist Ihr momentanes Leben zwar sehr tugendhaft, aber die vorigen Leben weniger.

Wo steht Jesus Christus?

Die Buddhisten betrachten Jesus Christus mit viel Respekt. Wir sehen ihn als ein Vorbild des perfekten Altruismus. Im Buddhismus klassifizieren wir nicht so sehr und behaupten nicht: Jesus Christus müssen wir ungefähr auf dieser oder jener Ebene ansiedeln. Nein. Christus ist ein Vorbild göttlichen Schaffens auf der Erde.

Beruht der Beschluß, Mönch zu werden, auf freier Entscheidung, oder wird er einem durch die Umgebung aufgedrängt?

Im Gegensatz zu früheren Zeiten steht einem heute die Wahl frei, diesen Weg zu gehen, wovon sich Menschen aus dem Westen, die sich nach Sri Lanka, Thailand oder Tibet begeben, überzeugen können. In den genannten Ländern findet man Mönche aller Altersstufen. Die Menschen im Westen sind manchmal schockiert, wenn sie Kinder sehen, die, wie es scheint, gezwungen werden, das Klosterleben zu ertragen und im Kloster zu studieren. Aber nach meiner persönlichen Erfahrung als Mönch und Lama ist dieser Eindruck nicht ganz richtig. Man muß bedenken, daß in Tibet, wo fast die gesamte Bevölkerung buddhistisch war, Eltern es als sehr positiv erachteten, wenn ein oder zwei ihrer Kinder in einem Kloster lebten. Heute ist es nicht anders. Die Kinder halten sich zwar im Kloster auf, können aber erst nach dem achtzehnten Lebensjahr richtig Mönch oder Nonne werden.

Ein Klosterleben kann man nur aufnehmen, wenn eine bestimmte Anzahl von Bedingungen erfüllt wurde. Die erste Voraussetzung ist die freie Wahl der Person selbst. Dazu kommen die Genehmigung der Eltern, der Gemeinschaft und die des Lama, der für das Kloster verantwortlich ist. Diese Vorsorgeregeln gewährleisten eine echte freie Wahl und verhindern, daß jemand benachteiligt wird.

In der Theravada-Tradition ist es möglich, nur für eine begrenzte Zeit ein Gelübde abzulegen. Dieser Brauch steht in so hohem Ansehen, daß ein Mann, der nur im Kloster gelebt hat, Schwierigkeiten hat, eine Frau zu finden, da er für nicht sonderlich vertrauenswürdig gehalten wird.

Psychologie

Der zweite Lehrzyklus

Die zwölf Glieder des abhängigen Entstehens

Der Buddha hat im ersten Lehrzyklus verkündet, daß das Leiden eine Tatsache ist: eine Feststellung, die mit der Erfahrung aller lebenden Wesen übereinstimmt. Was der erste Lehrzyklus behandelt, ist somit von jedem Menschen, der über einen klaren Verstand verfügt, als unumstößliche Wahrheit einsehbar. Es erscheint logisch, daß man im weiteren nach dem Ursprung des Leidens und nach der Methode suchte, mit deren Hilfe man sich vom Leiden befreit. Darum geht es im zweiten Lehrzyklus.

Dieser Zyklus behandelt die zwölf Glieder des «abhängigen Entstehens».

Diese zwölf Glieder sind:

1. Unwissenheit
2. Karmaformationen
3. Bewußtsein
4. Name und Form
5. Der sechsfache Bereich der Sinne und ihrer Objekte
6. Berührung
7. Empfindung
8. Begehren
9. Ergreifen

10. Werden
11. Geburt
12. Alter und Tod

Das erste Glied: Unwissenheit

Wir alle sind Wesen auf der Suche nach Glück und würden gerne jegliche Form des Leidens vermeiden – das sind die zwei fundamentalen, jedem Wesen angeborenen Impulse, die Teil unseres Wesens, unseres Daseins selbst sind. Wir versuchen auf verschiedenste Art und Weise, dieses zweifache Verlangen zu befriedigen. Keiner braucht uns das zu lehren: Alles, was wir und alle Lebewesen auf der Erde, selbst die Tiere, im Leben tun, geschieht mit dem Ziel, glücklich zu sein und nicht mehr leiden zu müssen. Dennoch müssen wir feststellen, daß sich allzuoft Dinge ereignen, die wir uns überhaupt nicht wünschen, oder daß die Dinge, die wir uns doch wünschen, sich nicht einstellen. Irgend etwas scheint darum falsch zu laufen. Die ganzen Anstrengungen und dann so ein mageres Ergebnis! Wenn wir uns auf etwas so konzentrieren, müßten wir unsere Wünsche doch verwirklichen können. Aber dennoch...

Wenn wir ein Senfkorn säen und aus diesem Korn etwas ganz anderes als Senf entsteht, müssen wir zugeben, daß wir anfänglich aus Unwissenheit einen Fehler gemacht haben. Um diese Unwissenheit – um das Nicht-Wissen – geht es hier. «Ihr wißt nicht, was die Basis der Phänomene ist, mit denen ihr es zu tun habt», sagt der Buddha. «Ihr wißt nicht, wie Ihr die Wirklichkeit betrachten müßt und aus was sie eigentlich besteht.» Unwissenheit ist das erste Glied des abhängigen Daseins. Es steht oft mit störenden Emotionen in Verbindung.[1] Sie beeinflußt uns zum Beispiel, wenn Gefühle wie Abneigung, Stolz oder Neid auftauchen, die die Wahrheit verschleiern. Diese Emotionen nennen wir «störend», weil es selbstverständlich ist, daß sie uns nicht glücklich machen; es genügt schon, in ein Gesicht zu schauen, das Ärger zeigt. Diese Emotionen entstehen aus Unzufriedenheit und allen Umständen, die Leiden verursachen.

So gründen sich manche unserer gewohnheitsmäßigen Aktivitäten auf Unwissenheit, wohingegen andere Handlungen aus Liebe und Mitgefühl geschehen können. Im zweiten Fall wird positives Karma geschaffen, weil dieses Handeln tugendhaft ist. Im ersten Fall dagegen entsteht negatives Karma, das heißt, wir werden mit den Folgen untugendhaften Tuns, die sich aus störenden Emotionen ergeben, konfrontiert werden.[2]

Diese Unwissenheit macht den Unterschied zwischen einem gewöhnlichen und einem erleuchteten Wesen aus: Während diese die Unwissenheit in Weisheit verwandelt haben, bleiben ihm jene unterworfen. Es ist jedoch wichtig, sich daran zu erinnern, daß auch der Buddha nicht immer erleuchtet gewesen ist und ein gewöhnliches Wesen nicht notwendigerweise immer «gewöhnlich» zu bleiben braucht. Auch wir können den Schleier lüften und den Zustand völliger Erleuchtung erreichen!

Zweites Glied: Karmaformationen

Alle Aktivitäten, ob positiv, negativ oder neutral, hinterlassen Spuren: Jede Tat läßt Eindrücke zurück, ähnlich wie bei einer Tonbandaufnahme. Später wird man nichts anderes hören als das, was man auf dem Band aufgenommen hat. Alle Spuren unseres Handelns brennen sich ins Bewußtsein ein und bilden auf diese Weise die treibenden Kräfte, die Konditionierungen oder die Gewohnheitstrukturen des Individuums. Sie werden bei der jeweiligen Person den Blick auf die Dinge beeinflussen und auch die Art und Weise, wie es die Wirklichkeit wahrnimmt und wie es auf jede Lebenssituation reagiert. Diese Konditionierungen werden auch Gestaltungen genannt.

Drittes Glied: Bewußtsein

Diese tugendhaften, untugendhaften und neutralen Konditionierungen werden zu den treibenden Kräften unseres Wesens, die sich im dritten Glied des abhängigen Entstehens, dem dualistischen Bewußtsein, niederschlagen. Diese angesammelten Konditionierungen haben sich tief in der *Bewußtseinsbasis von allem* eingenistet. Karma ist der treibende Motor des Geistes und damit des Bewußtseins.[3] Das, was sich vom einen zum anderen Leben entwickelt, ist der Geist oder das Bewußtsein.

Die Ergebnisse aller Aktivitäten (des Körpers, der Sprache und des Geistes) werden im Bewußtsein gespeichert.[4] Und aus diesem wiederum kommen die Impulse, die zu einer Tat führen. Jede Aktivität hinterläßt Spuren im Bewußtsein und wird zugleich auch durch einen geistigen Impuls ausgelöst. Wenn jemand durch bestimmte Gewohnheiten immer wieder in derselben Weise handelt und sich die Ergebnisse dieser Handlungen so wiederholt in seinem Bewußtsein einprägen, spricht man von fundamentalen Neigungen dieser Person. Diese werden sie auch nach dem Tod begleiten.

Auf die von manchen gestellte Frage: «Wo werde ich wiedergeboren werden?» muß daher die Antwort lauten: «Dort, wo die Saat auf entsprechend fruchtbaren Boden fallen wird...»

Viertes Glied: Name und Form

Der Übergang vom dritten zum vierten Glied vollzieht sich dann, wenn das Bewußtsein der Person, die wiedergeboren wird, mit dem Spermium und der Eizelle der Eltern, die sich vereinigen, verschmilzt. In genau diesem Moment entsteht das vierte Glied: «Name» und «Form», d. h., Körper und psychische Faktoren. Sie werden bemerken, daß hier gleich zwei Elemente zur Sprache kommen. Warum? Die fünf Gegebenheiten, die das körperliche und geistige Dasein eines jeden Lebewesens bestimmen, sind Körperlichkeit, Empfindung, Wahrnehmung, psychische Formkräfte und Bewußtsein. Mit Hilfe dieser fünf Begriffe können wir alles Bestehende umschreiben.

Der erste Begriff, die «Körperlichkeit», bezieht sich auf die *Form* und betrifft die Bereiche, von denen wir den Namen nicht zu kennen brauchen, um zu wissen, daß sie existieren. Die vier anderen Gegebenheiten der irdischen Persönlichkeit (Empfindung, Wahrnehmung, psychische Formkräfte und Bewußtsein) sind psychischer Natur. Wir erfassen sie nur begrifflich, das heißt, über ihren *Namen*. Das ist der Grund, warum das vierte Glied «Name und Form» genannt wird.

Fünftes Glied: Der sechsfache Bereich der Sinne und ihrer Objekte

Zum Zeitpunkt der Empfängnis können wir noch nicht von einem vollständig ausgebildeten Körper sprechen. Dieses formlos geistige Dasein entwickelt sich weiter: Vom fließenden Zustand ausgehend, nimmt der Fötus erst eine ovale, dann eine längliche Form an; es formt sich ein festes Gebilde, später kommen Kopf und Gliedmaßen zum Vorschein. Diese Evolution während des fünften Glieds nennt man die Entwicklung des sechsfachen Bereichs der Sinne. Der Fötus entwickelt mehr und mehr Energie, Form und Kraft, und das manifestiert sich auch in den fünf Sinnen, die in Verbindung mit den Organen stehen und es uns ermöglichen, die Formen, die Gerüche, die Geräusche, den Geschmack und tastbare Gegenstände wahrzunehmen. Der sechste «Sinn» schließlich ist unser Geistbewußtsein, mit dessen Hilfe wir auch geistiger Objekte gewahr werden können.

Sechstes Glied: Berührung

Das sechste Glied bezeichnet man als «Berührung». Die verschiedenen Organe (Nase, Mund, Ohren usw.) sind bis jetzt noch nicht deutlich mit der Außenwelt in Kontakt gekommen. Diese Berührung mit den Dingen der Außenwelt wird allmählich intensiver werden und wird jedes der Organe dazu bringen, sich weiter von den anderen zu unterscheiden und eine spezifische Arbeitsweise zu entwickeln. Das Zusammentreffen von Gegenstand und Organ wird Kontakt genannt.

Siebtes Glied: Empfindung

Der Kontakt zwischen dem Organ, das zu funktionieren beginnt, dem Gegenstand und dem spezifischen Bewußtsein, das mit dem Organ (auditiv, visuell, olfaktorisch usw.) verknüpft ist, verursacht eine Empfindung (das siebte Glied). Je nach den Erfahrungen, die jemand mit einem Gegenstand macht, erzeugt dieser eine angenehme oder eine unangenehme Empfindung.

Achtes Glied: Begehren

Jede Erfahrung von Glück, Leiden oder Gleichgültigkeit, die aus dem Kontakt der Organe mit den Dingen resultiert, ruft im Lebewesen den Wunsch hervor, diese Erfahrung – im Fall eines angenehmen Gefühls – zu wiederholen und – im Fall eines unangenehmen Gefühls – zu vermeiden. Der Impuls, der das Lebewesen dazu bringt, in dieser oder jener Weise zu handeln, wird auch Durst genannt, weil das Wort auf ein Verlangen hindeutet, das grenzenlos ist. Angesichts der großen Zahl der möglichen Erfahrungen, die gemacht werden können, können wir hier von etwas wahrhaft Unerschöpflichem sprechen.

Neuntes Glied: Ergreifen

Angenehme Erfahrungen führen unter dem Einfluß des Begehrens zu einem Anhaften, das uns an diese Erfahrung bindet und uns in entsprechender Weise handeln läßt. Dasselbe gilt für unangenehme Erfahrungen: Unter dem Einfluß des Begehrens werden wir versuchen, sie zu vermeiden. Daraus entstehen Impulse, die uns ebenfalls dazu bringen, auf eine bestimmte Art und Weise zu handeln. Dieser Übergang vom Impuls zum Handeln wird als Ergreifen bezeichnet.

Zehntes Glied: Werden

Angestachelt vom Begehren und vom Ergreifen führen wir Tausende von tugendhaften und untugendhaften Handlungen aus. Die Reaktionen auf Dinge, die man schätzt, und auf solche, die man zurückweist, fallen unterschiedlich aus. Da es eine unermeßlich große Anzahl an möglichen Situationen (und an Ursachen und Bedingungen) gibt, schaffen die Reaktionen darauf ganz unterschiedliches Karma.

Diese Spuren, Ursachen, Kräfte und Folgen sammeln sich auf eine bestimmte Weise in unserem Geist an und formen das, was wir unser «Sein» nennen. Man spricht vom *Werden,* weil es sich um etwas recht Beeindruckendes handelt. Das Wort Werden macht deutlich, daß wirklich alles möglich ist.

Elftes Glied: Geburt

Das Werden manifestiert sich schließlich. Dieser Moment wird Geburt genannt. Geburt ist der Augenblick der Befruchtung: wenn das Spermium, die Eizelle und das Bewußtseinsprinzip der Lebewesen sich vereinigen. In diesem Augenblick beginnt das

Leben. Das Wort Geburt ist im allgemeinen auf den Moment bezogen, in dem das Kind den Mutterleib verläßt. Hier bezeichnet das Wort Geburt allerdings ein früheres Stadium.

Zwölftes Glied: Alter und Tod

Als Folge der Geburt werden wir konfrontiert mit dem Alter und dem Tod. Das menschliche Dasein kennt im allgemeinen vier Leidensmomente: Geburt, Krankheit, Alter und Tod. Diese vier Phasen hängen eng miteinander zusammen, da der Alterungsprozeß bereits beim Fötus beginnt und sich schon in diesem Stadium der Tod ankündigt. Wann beginnt der Alterungsprozeß? Mit dem Moment der Geburt. Selbst ein Kind im Alter von einem Jahr ist bereits ein Jahr «alt». Der Tod ist die logische und unumgängliche Folge des Alterungsprozesses. Ohne Altern gibt es keinen Tod. Lebende Wesen sind deshalb gefangen im Räderwerk von Samsara, dem Rad des Daseins. Der Tod ist nur der Beginn einer neuen Folge von zwölf Gliedern, und je nach Art des geschaffenen Karmas werden die Lebewesen in ein höheres oder niedrigeres Dasein hineingeboren. Auf diese Weise irren die Lebewesen endlos weiter durch die Lebenszyklen.

Anmerkungen

1 Es gibt auch ein Nichtwissen, das nicht an Emotionen gebunden ist. Es schafft ein neutrales Karma. Woraus besteht dieses? Beim Meditieren kann es passieren, daß wir entweder die Leerheit oder aber Klarheit erfahren. Während wir in diesem Zustand verweilen, betrachten wir die Wirkung unserer Meditation und halten an ihr fest, als ob sie wirklich existieren würde. In diesem Fall schaffen wir sogenanntes neutrales Karma. In den meisten Fällen werden diese Meditationen von einer totalen Abwesenheit von Mitgefühl begleitet. Das Festhalten an der Wirkung der Er-

fahrung verhindert einen direkten Kontakt mit dem, was es zu wissen gilt. Das ist die Folge des Schleiers, der über dem, was erkannt werden soll, liegt. Die Verdunklung, die in unserem Geist die Emotionen bewirken, wird der Schleier der Emotionen genannt.

2 Der Buddha nannte 84 000 störende Emotionen: 21 000 für jedes der drei Hauptgifte (Begierde, Abneigung und Nichtwissen) und ebenso viele für alle drei zusammen. Ein Heilmittel für das erste Gift wird im *Vinaya* genannt, ein weiteres für das zweite Gift in den *Sutras* und schließlich ein drittes für das dritte Gift im *Abhidharma*. Die Menge an möglichen Emotionen, deren Kombinationen und das Karma, das daraus entsteht, erklären die große Unterschiedlichkeit aller Lebewesen.

3 In den Lehrtexten werden für den Geist verschiedene Ausdrücke verwendet: das Mentale, das Bewußtsein, das Begriffsvermögen, die Weisheit, die Kenntnis... Es geht hier um verschiedene Funktionen desselben Geistes.

4 Man unterscheidet acht Bewußtseinsarten: die Bewußtseinsbasis von allem, das Bewußtsein störender Emotionen (der feste Kern des Ego), das Geistbewußtsein und die fünf Bewußtseinsarten, die mit jedem der fünf Sinne verbunden sind.

Eine überraschende Botschaft
für den Westen

Das Thema des abhängigen Entstehens gilt als das Herz der buddhistischen Psychologie. Alle buddhistischen Schulen messen ihm eine entscheidende Bedeutung bei, und der große Philosoph Nagarjuna sagt selbst, daß dies die kostbarste Lehre des Buddha ist. Wir haben dieses Konzept auch noch aus einem anderen Grund ausführlich besprochen: Es führt uns zu einer subtileren Wahrnehmung der Wirklichkeit und hilft uns, den Begriff *Leerheit* zu verstehen. Die Vorstellung der Leerheit, eines der zentralen Konzepte des Buddhismus, erscheint heute erstaunlich modern. Der zweite und dritte Lehrzyklus setzen sich damit auf eine dynamische und nuancierte Art und Weise auseinander.

Die meisten Bücher, die eine Einführung in den Buddhismus geben, erwecken den Eindruck, als ob der Buddha nur einen Zyklus an Unterweisungen gegeben hat: den über die Vier Edlen Wahrheiten. Doch ist dieser nur ein Aspekt seiner Lehre: Die Wirklichkeit, wie sie in den Vier Wahrheiten offenbart wird, ist sozusagen die These; die Unterweisungen über die Leerheit bilden die Antithese. Der dritte Lehrzyklus, den der Buddha gegeben hat, stellt schließlich die Synthese aus dem Dasein und dem Nicht-Dasein der Erscheinungen und Lebewesen dar.

Der Übergang vom ersten zum zweiten Lehrzyklus ist deshalb fundamental. Wenn wir ein besseres Verständnis der tiefsinnigen

Botschaft des Buddha bekommen wollen, ist es ratsam, das Basiskonzept des abhängigen Entstehens sorgfältig zu studieren. Das abhängige Entstehen ist für Menschen aus dem Westen nicht ganz einfach zu verstehen. Wie wir gesehen haben, tauchen dabei Elemente auf, die im Westen in speziellen Wissenschaften erforscht werden, wie in der Embryologie, der Erkenntnistheorie und der Physiologie, um nur einige zu nennen.

Die Lehre des abhängigen Entstehens ist ein Hilfsmittel, um zu erkennen, daß alle Erscheinungen nur aufgrund der Wechselbeziehung zwischen vielen Faktoren und Elementen existieren. Dieses Werkzeug befähigt uns, scheinbare Gegensätze zu überbrücken:

- Der Buddhist betont den imaginären Charakter der Wirklichkeit, ohne dabei zu leugnen, daß die Phänomene in Erscheinung treten.
- Er kann immer stärkere Liebe und gößeres Mitgefühl entwickeln und trotzdem behaupten, daß das «Ich» nicht existiert.
- Er gelangt zur Erkenntnis der Wirklichkeit, indem er die Wirklichkeit, das Verständnis derselben und das erkennende Subjekt als von Natur aus leer betrachtet.
  Diese letzte Behauptung wird von der Madhyamaka-Schule aufgestellt, die den Höhepunkt der buddhistischen Philosophie repräsentiert.

Wir alle haben eine tief verwurzelte Gewohnheit: Wir betrachten alle Erscheinungen als aus sich selbst heraus existente, unabänderliche und voneinander getrennte Phänomene und vergessen, daß sie tatsächlich allein aufgrund des Zusammentreffens von Ursachen und Bedingungen (wie in der Unterweisung über die zwölf Glieder dargelegt) existieren. Wenn wir jedoch die Wirklichkeit falsch interpretieren, ist auch unsere Erkenntnisfähigkeit begrenzt, und es entstehen Mißverständnisse. Diese sind die Folge der oben genannten Neigungen.

Wer nicht wahrhaben möchte, daß sich die Phänomene ausschließlich aufgrund von Wechselbeziehungen manifestieren, hält an der Idee beständiger, wirklich existenter Entitäten fest... und wird keinen Schritt vorankommen.

Insgesamt mögen diese Lehren auf den Westen überraschend und ungewöhnlich wirken, denn das Weltbild, das sich hier ausdrückt, unterscheidet sich doch erheblich von dem der jüdisch-christlichen Tradition.

Alles hängt mit allem zusammen

Zwischen allen Erscheinungen im Universum bestehen Verbindungen. Das zeigen die folgenden Feststellungen:

- Alle Erscheinungen sind Veränderungen unterworfen. Was wir in diesem Augenblick wahrnehmen, existierte nicht immer in dieser Form. Das Universum, die Natur, die Dinge sind entstanden, entwickelten sich und werden eines Tages wieder verschwinden.
- Man kann nicht vom Sommer sprechen, ohne den Winter zu kennen; ebenso gibt es keinen Tagesanbruch ohne Abenddämmerung, keinen Mann ohne Frau, keine Wärme ohne Kälte; Gegenstände können nur als kurz beschrieben werden, weil es lange gibt, usw.
- Ein bedeckter Himmel zum Beispiel steht in enger Verbindung zum Regen.
- Man wird nicht plötzlich erwachsen.
- Glück und Leiden entstehen nicht grundlos.

Nichts existiert aus sich selbst heraus. Immer bildet eine ganze Reihe von Ursachen und Bedingungen die Grundlage für das Vorhandensein der Erscheinungen. Die Saat benötigt fruchtbaren Boden, Wasser, Wärme, Licht und Nährstoffe, um wachsen zu können und um Zweige, Blätter, Blumen oder sogar Früchte hervorzubringen. Die Idee des abhängigen Entstehens hilft uns einzusehen, daß die äußere und innere Welt ein grenzenloses Netz von Beziehungen darstellt, das sich ständig weiterentwickelt, und daß unsere Welt sich ohne diese Beziehungen so nicht manifestieren würde. Die Unterweisung über abhängiges Entstehen verdeutlicht die Wichtigkeit der Beziehungen: Gibt es gesunde Beziehungen, dann fühlen wir uns glücklich, werden sie jedoch vernachlässigt und sind ungesund, dann befinden wir uns in einer schwierigen Lage. Wenn wir das verstehen, wissen wir auch, was wir tun müssen. Wenn wir die Unwissenheit, d. h., die erste Ursache des Zwölf-Glieder-Zyklus, in Weisheit verwandeln, dann sind die positiven Folgen offensichtlich.

Unwissenheit existiert demnach ebenfalls nicht aus sich selbst heraus; sie ist weder ein äußerer Dämon, der sich unser bemächtigt hatte, noch ist sie eine unumstößliche Tatsache. Es ist möglich, das erste Glied des abhängigen Entstehens in Weisheit zu verwandeln, weil Unwissenheit und Weisheit sich nirgendwo anders als in unserem eigenen Geist befinden.

Vom abhängigen Entstehen zur Leerheit

Wir neigen zu dem Glauben, daß die Dinge und Wesen als beständige, substantielle Einheiten existieren, die einzigartig, von den anderen verschieden, ewig und unveränderlich sind.

Die tatsächliche Natur der Realität aber, die Basis von allem, was existiert, ist nicht die Manifestation, sondern die Leerheit. Gelangt man zu einem tieferen Verständnis der Wirklichkeit, begreift man, daß alles, was sich manifestiert, relative, aus der Leerheit stammende Erscheinungen sind.

Die Ursache der stets wiederkehrenden Leidenserfahrungen, der Unzufriedenheit und der Frustrationen, ist unsere Suche nach einer stabilen, beständigen, definitiven und ewigen Wirklichkeit, obwohl diese einfach nicht existiert. Weil alle Phänomene ihren Ursprung in Wechselbeziehungen haben, werden sie irgendwann unvermeidlich aufgelöst.

Wir sind auf der Suche nach einer substantiellen Wirklichkeit und stoßen auf die Vergänglichkeit und den relativen und imaginären Charakter der Wirklichkeit. Wie entkommen wir nun dieser Widersprüchlichkeit, die unsere Leiden verursacht? Durch eine Kombination der Ideen des abhängigen Entstehens und der Leerheit. Wie gelingt das? Wir gehen immer von der Idee aus, daß der Tisch, die Berge, das Ich, die anderen, gut und böse allein für sich bestehen; daß sie einer substantiellen und unabhängigen Wirklichkeit entsprechen. Das abhängige Entstehen aber hat uns gelehrt, daß diese Anschauung der Wirklichkeit nicht entspricht: Die Phänomene existieren nicht für sich allein, sondern sind miteinander verbunden und voneinander abhängig und deshalb auch relativ (vorübergehend) und ohne Absolutheitscharakter. Ohne die Vernetzung mit anderen Phänomenen würden sie sich schlechthin nicht ergeben. Die Wechselbeziehung ist die *conditio sine qua non* des Daseins selbst.

Wir würden zum Beispiel vergeblich nach etwas suchen, das allein als «Kopf» existiert. Der Kopf hat Augen, eine Nase, Haare usw. ... Er scheint vielmehr ein Ganzes, ein Konglomerat von Elementen zu sein, die wir in ihrer Gesamtheit als Kopf definieren, aber letztendlich ist der Kopf als einzelne Entität unauffindbar. Auf dieselbe Weise können wir das «Ich», das uns so wertvoll erscheint, unter die Lupe nehmen. Was auch immer das Objekt unserer Untersuchungen ist – wir enden immer bei der Leerheit. Im dritten Lehrzyklus löst der Buddha den scheinbaren Widerspruch zwischen der Tatsache, daß die Phänomene einerseits existieren (relative Wirklichkeit), und ihrer Leerheit andererseits (absolute Wirklichkeit) auf.

Diese Überlegungen über die gegenseitigen Beziehungen werden auch auf der Ebene der Ethik angestellt. Im Laufe seiner Unterweisungen betonte der Buddha, daß die Befreiung nicht vollständig realisiert werden kann, wenn sie auf das individuelle Glück beschränkt bleibt. Sie wird notwendigerweise durch das Glück der anderen verwirklicht. Unser Wohlbefinden ist von dem der anderen abhängig. Eine solche Überzeugung hilft uns, egozentrisches Verhalten aufzugeben. Auf diese Weise wird sich der Praktizierende in völliger Übereinstimmung mit den Worten des Buddha von der Analyse des Leidens (Theravada) zu einem altruistischen Streben (Mahayana) hinentwickeln. Es sind die anderen, die uns zeigen werden, wie es mit unserer Praxis als Buddhist bestellt ist: Genauso wie der Spiegel ein lachendes Gesicht widerspiegelt, wenn man glücklich ist, so spiegelt das Glück der anderen den Grad unserer eigenen Entwicklung wider.

Was ist zu tun?

Nun bleibt uns noch eine Frage zu beantworten: Muß ich die Lehre studieren oder muß ich zu Füßen eines Meisters sitzen, um den Zustand der Erleuchtung zu erreichen? Das folgende Kapitel müßte eine Lösung für dieses Dilemma anbieten. Eines ist sicher, nämlich daß allein in unserem eigenen Geist und nirgendwo anders Gedanken entwickelt werden können, die zur Befreiung führen. Man sagt, daß selbst der Buddha die Verunreinigung, die durch die Negativität der Lebewesen verursacht wird, nicht beseitigen kann, so wie man zum Beispiel ein Hemd im Wasser waschen kann. Auch der Buddha kann die Erleuchtung nicht wie ein hübsch eingewickeltes Päckchen an andere verschenken. Der Buddha öffnet den Weg und gibt Rat. Jeder von uns hat die Wahl, etwas damit anzufangen oder es zu ignorieren.

Philosophie und Meditation

Wege zur Erkenntnis

Die buddhistische Methode

Die buddhistische Meditation wird mit Reflexionen metaphysischer Art verknüpft. Ebenso wird die Philosophie durch die Erkenntnisse, die man in der Meditation gewinnt, genährt. Für uns Buddhisten ist es selbstverständlich, daß jeder Mensch die Wirklichkeit auf seine eigene Art und Weise wahrnimmt. Es ist nicht in unserem Sinn, die Erfahrungen anderer zu leugnen oder zu ignorieren. Wir müssen jemanden, der in seinem Traum zum König der Deutschen geworden ist, nicht von seinem Irrtum überzeugen, um so weniger, als er in seinem Traum wirklich – jedenfalls für sich selbst – der König der Deutschen ist. Im Buddhismus kann nichts und niemand uns daran hindern, alle nur denkbaren Fragen zu stellen. Wir haben die unbegrenzte Freiheit, das Denken zu analysieren und zur Diskussion zu stellen. Der Buddhismus zeichnet sich bereits in seinen Grundlagen durch eine große Geschmeidigkeit und Offenheit aus, was die Kontakte mit anderen spirituellen Traditionen erleichtert. Auch innerhalb des Buddhismus pflegen wir diese Eigenschaften, was sich an der Vielzahl philosophischer Schulen zeigt.

Der Buddha zog das Beispiel des Goldkaufs hinzu, um die richtige Haltung zum Buddhismus zu erklären: Wenn wir ein Stück Gold kaufen, prüfen wir es gewöhnlich erst einmal gründlich. Auf diese Weise müssen nach Meinung des Buddha auch seine Lehren und die Ratschläge, die er gibt, kritisch analysiert werden, bevor sie in die Praxis umgesetzt werden. Wir sollen sie nicht blind akzeptieren und übernehmen, nur weil sie aus dem Mund des Buddha kommen.

Auf welche Art und Weise kann diese Untersuchung stattfinden? In drei Schritten: zuhören, reflektieren und schließlich meditieren.

Zuhören

Warum müssen wir zuhören? Um mit den Unterweisungen, den Ratschlägen, den Erklärungen in Kontakt zu kommen. Das bedeutet, daß wir in erster Linie unsere eigenen Auffassungen und Überzeugungen loslassen müssen. Wenn wir das nicht tun, werden wir nie in Kontakt mit Dingen kommen, die vollkommen neu für uns sind. Es ist wichtig, in der ersten Phase diese Offenheit herzustellen, diese Aufnahmebereitschaft, um durch das Zuhören einen guten Kontakt zu schaffen.

Reflektieren

Danach kommt die Reflexion. Sie muß kritisch sein, das heißt, man sollte genau prüfen, ob es um reelle, konkrete, wahrhaftige Standpunkte geht. Wir müssen diese Analysen und diese Untersuchung bis zu dem Punkt fortsetzen, an dem uns unsere Argumentation ohne Einschränkungen einleuchtend und korrekt erscheint.

Meditieren

Ein Teil der Fragen kann allein durch kritische Reflexion jedoch nicht beantwortet werden. Dazu ist es notwendig, daß wir auch ein drittes Stadium durchlaufen, das der Meditation.

Diese drei Vorgehensweisen ergänzen sich gegenseitig. Wir erlangen eine Weisheit, die aus dem Zuhören entsteht, eine weitere, die der kritischen Reflexion entspringt, und eine dritte als Resultat der Meditation. Durch das Zuhören lernen wir die Lehren kennen, von denen wir noch keine Kenntnisse hatten. Dadurch wird die Unwissenheit beseitigt. Die Reflexion löscht alle Zweifel. Die Meditation bietet schließlich die Gelegenheit, die wahre Natur der Erscheinungen zu erkennen und diese Erkenntnis im Geist zu integrieren.

Wahrnehmung der Wirklichkeit

Ein Großteil der philosophischen Debatten zwischen den verschiedenen Schulen des Buddhismus dreht sich um die Fragen: Was ist Wirklichkeit? Und wie nehme ich sie wahr? Auf die Diskussion über den theistischen oder den nicht-theistischen Charakter des Buddhismus sowie die subtilen Nuancen, wonach die verschiedenen philosophischen Schulen sich unterscheiden, werden wir hier fürs erste nicht eingehen. Um einen ersten Einblick in die buddhistische Philosophie zu geben, beschränken wir uns auf eine Frage: Wie geht der Philosoph beim Analysieren der Wirklichkeit vor?

In einer ersten philosophischen Bewegung strebte man danach, das elementare Teilchen zu finden, das die höchste Wahrheit ausmacht. Die Analyse bezieht sich in erster Linie auf die Materie. Sie besteht darin, ein Objekt geistig in kleine Teile zu zerlegen; daraufhin wird jedes Teilchen weiter unterteilt, bis man zu stets noch kleineren Teilchen kommt. Ziel ist es, das fundamentale Element am Ende der Kette zu finden, das Element, das unteilbar sein müßte. Dieses allerletzte, unteilbare Partikel hält man für das Element, aus dem die Wirklichkeit geformt ist. Derartige Überlegungen werden auch die Zeit betreffend angestellt. Man zerteilt Zeit in stets kürzere Momente, um zu versuchen, den kürzest möglichen Moment herauszufinden. Diesen

Augenblick kann man als Basiseinheit der Zeit betrachten. Die Philosophen wenden dieselbe Prozedur bei der Untersuchung des Selbst an. Auch hier versucht man, ein letztes unteilbares Partikel auf der Ebene des Bewußtseins zu identifizieren. Diese atomistische oder partikularistische[1] Methode stimmt exakt mit der wissenschaftlichen Analyse überein, wie man sie im Westen anwendet.

Eine zweite philosophische Strömung fragt als Reaktion auf die erste: «Warum stoppt man die Analyse in einem bestimmten Moment? Warum stützt man sich auf die Behauptung, daß es ein Partikel gibt, das man als das Allerletzte betrachten kann, das Kleinste, das unzerstörbar und letztlich wirklich ist?» Die Anhänger dieser Theorie sind der Auffassung, daß der Entschluß, die Analyse in dem Moment als beendet zu betrachten, in dem man ein Partikel findet, willkürlich ist. Ob man nun auf der Ebene der Materie, der Zeit oder des Bewußseins forscht – es empfiehlt sich, stets die Untersuchung bis zur Leerheit fortzusetzen.

Das Erkennen der Leerheit, die allen äußerlichen Erscheinungen zugrunde liegt, wird die *Weisheit des Nicht-Vorhandenseins eines Selbst der Phänomene* genannt. Das Erkennen der Leerheit, die allen inneren Erscheinungen zugrunde liegt, wird die *Weisheit des Nicht-Vorhandenseins eines Selbst von Personen* genannt.

Die Leerheit erkennen

Ein berühmter Vers aus dem Herz-Sutra faßt die Philosophie des Buddha treffend zusammen: Form ist Leerheit, und Leerheit ist Form.

Form ist Leerheit

Wir nehmen Formen, Farben, Geräusche, Wahrnehmungen, Bilder etc. als gesicherte Gegebenheiten wahr. Wenn wir diese Erscheinungen jedoch allein für sich analysieren, stellen wir fest, daß sie in ihrem Wesen leer sind. Sie existieren nicht aus sich selbst heraus.

Leerheit ist Form

Andererseits bedeutet Leerheit nicht, daß die Formen, Farben etc. nicht existieren. Leerheit bedeutet nicht, daß nichts da ist. Trotz allem sehen, fühlen und kennen wir diese Formen, Farben etc. Leerheit führt uns aufs neue zu der sich manifestierenden Form, denn alle Formen entstehen aus der Leerheit.

Leerheit liegt allem zugrunde, was besteht. Klarheit, die psychische Energie der Leerheit, ist der Beweis für die Existenz der Leerheit und unterstreicht die Tatsache, daß die Welt und die Menschen nur vor unseren Augen erscheinen. Leerheit und Klarheit sind untrennbar miteinander verbunden, genauso wie Leerheit und Form aufeinander hinweisen. Im dritten Lehrzyklus stellt Buddha unter anderem folgende Fragen: «Wie wird Leerheit erfahren? Was bedeutet Erleuchtung? Wo findet dieses Erkennen statt? Wer oder was erreicht die Befreiung?»

Der dritte Zyklus erläutert die wesentlichen Kennzeichen des Geistes: Leerheit, Klarheit und Unbegrenztheit (der Geist hat keine Grenzen und kann alles enthalten).

Buddhismus und Wissenschaft

Interessant ist die Feststellung, daß die moderne westliche Wissenschaft sowohl in ihrer Vorgehensweise als auch in den Ergebnissen ihrer Forschung den buddhistisch-philosophischen Auffassungen sehr nahe kommt. Die Wissenschaftler versuchen in der Tat seit Anfang dieses Jahrhunderts, ein elementares, unteilbares Partikel zu identifizieren, das allen Phänomenen zugrunde liegt. Die Teilung der Materie hat sie zum Atom geführt, das jahrzehntelang als das fundamentale Partikel galt.[2] Später konnte man das Atom dank des Fortschritts der Forschung weiter teilen und auf diese Weise andere zusammenhängende Teilchen entdecken.[3] Weil sie bei dem Versuch, ein unteilbares Teilchen zu finden, bis jetzt keinen Erfolg hatten, setzen die Wissenschaftler ihre Analyse von Jahr zu Jahr fort und zeigen die Existenz immer kleinerer Teilchen auf.[4]

Von der Existenz eines unteilbaren Materieteilchens auszugehen bedeutet für die Anhänger der Madhyamaka-Schule, eine ‹vorläufige und für sich selbst unannehmbare Haltung› einzunehmen. Sie würden sagen: «Das zuallererst angenommene Teilchen muß, wenn es denn existiert, eine nördliche, östliche, südliche und westliche Seite haben und ist deshalb notwendigerweise wiederum teilbar.»

Die Überzeugung, daß es eine minimale, unteilbare Entität

geben müsse – ob es sich nun um die materielle, die zeitliche oder die Ebene des Bewußtseins handelt –, beruht ihrer Auffassung nach auf einer falschen Beurteilung der Wirklichkeit. Dieser Glaube, so behaupten sie, sei das Resultat einer stark in uns verankerten Neigung, eine beständige Wirklichkeit vorfinden zu wollen – koste es, was es wolle.

Die Wissenschaft scheint sich heute immer mehr der Auffassung von der Wirklichkeit als einer dynamischen Leerheit anzunähern.[5]

Die westliche Wissenschaft und die buddhistisch-philophische Analyse entwickeln sich beide, indem eine Entdeckung der anderen folgt und alle zusammen sich zu einer Theorie oder einer Lehre zusammenfügen. Das Studium der Natur der Wirklichkeit hat im Lauf der Geschichte Anlaß zu zahlreichen Debatten gegeben, bei denen die eine buddhistische Schule die These einer anderen widerlegt hat.[6] In den tibetischen Klöstern ist es nicht ungewöhnlich, daß Hunderte von Mönchen zu philosophischen Debatten zusammenkommen. Vor einem erfahrenen Publikum sollen dann ein, zwei oder drei Mönche eine Theorie oder einen Standpunkt verteidigen bzw. widerlegen. Dank dieser Praxis können sie bedeutende Kenntnisse und Fähigkeiten in Logik und Dialektik erwerben.

Vernunft oder Glaube?

Der Buddhismus bietet zwei Möglichkeiten spiritueller Entfaltung an.

Die erste ist philosophischer Art und bedient sich der Reflexion und der Analyse. Diese Methode interessiert vor allem Menschen mit wissenschaftlichen Neigungen. Sie wurde gerade in Kürze skizziert.

Den zweiten Weg können wir religiös nennen, denn er gründet sich auf Vertrauen, Hingabe und Gebet. Eine Religion – so sagt man – ohne Vertrauen auszuüben ist, als wenn jemand ohne Beine laufen und ohne Augen sehen wollte.

Zu behaupten, daß diejenigen, die keine religiöse Praxis pflegten, keine Augen und Beine hätten, ist andererseits ziemlich überheblich!

Beide Wege ergänzen einander: Studieren ohne Meditieren gleicht dem Versuch, einen steilen Berg ohne Arme zu besteigen; und jemand, der meditiert, ohne zu studieren, ist wie ein Blinder, der auf einer offenen Fläche im Kreis läuft.

Wenn Praktizierende eine Zeit tiefsten Zweifels durchleben, können sie sich nicht mehr auf ihren Glauben stützen, um vorwärtszukommen. Der philosophische Weg wird dann von Nutzen sein. Wenn alles gut läuft und es keine Probleme gibt, ist es einfach, eine Religion auszuüben. Doch sobald Hindernisse und

Leiden auftauchen, beginnt man häufig, sich Fragen zu stellen. «Ich gehe jeden Sonntag zur Kirche, und trotzdem passiert mir dieses Unglück. Warum?» So kommen Zweifel auf, und der Glaube wird in Frage gestellt. Es kann sogar sein, daß Menschen sich dafür entscheiden, nicht mehr in die Kirche zu gehen und der Religion den Rücken zuzukehren.

Im Buddhismus ist es möglich, vom religiösen zum philosophischen Weg überzugehen. So kann in dem Moment, in dem der Geist zweifelt, die Philosophie, in der alles logisch dargelegt wird, nützlich und ermutigend sein.

Ein Wunsch

Ich hoffe, daß alle Menschen ihren Weg finden werden und die Methode kennenlernen, die für sie am geeignetsten ist; ich hoffe, daß die Erkenntnis der wahren Natur der Dinge jeder und jedem helfen wird, sich von allem zu befreien, was uns an das Leiden kettet – wobei es keine Rolle spielt, durch welche religiöse oder meditative Praxis wir zu dieser Erkenntnis gelangen.

Das Buch wurde nicht geschrieben, um Menschen zum Buddhismus zu bekehren, sondern um eine bessere Einsicht in den Buddhismus zu ermöglichen. Meine Hoffnung ist vor allem, daß dieses Büchlein auf bescheidene Weise auch zur Verwirklichung eines Ziels, das unser aller Ziel ist, beitragen wird – dem Ziel nämlich, glücklich zu werden.

Anmerkungen

1 Die Methode von Vaibhashika und Sautrantika
2 Der griechische Philosoph Demokrit sprach ungefähr 460 vor unserer Zeitrechnung schon von unzählbaren, unsichtbaren und ewigen Atomen, die herumwirbeln und Welten bilden.
3 Protonen, Neutronen und Quarks
4 Eine der letzten Theorien ist die der «Superbänder»: Nach dieser Theorie

sind die Teilchen keine Punkte, sondern befinden sich im Raum als Bändchen.

5 Michel Cassé, *Du vide et de la création*, Hrsg. Odile Jacob, 1993. Der Astrophysiker verwendet folgende Bezeichnungen: «Das Universum in seiner Champagnerversion sprudelt nur so vor unteilbaren Brutstätten mit eigener Gesetzmäßigkeit» (S. 205); «Der erste materielle Vater oder besser die erste materielle Mutter könnten die Leerheit und ihre quantifizierten Launen und wechselhaften Schwankungen sein» (S. 208).

6 Um die Unterschiede der Standpunkte zu verdeutlichen, umreißen wir hier kurz die Auffassungen der vier bedeutendsten philosophischen Schulen:

Vaibhashika: Die Wahrnehmung ist der direkte Kontakt ohne Zwischenglied zwischen dem Organ und dem Gegenstand.

Sautrantika: Die äußerlichen Objekte sind ebenso materiell wie das Organ, das sie wahrnimmt. Was hingegen wahrgenommen wird, ist ein geistiges Bild. Der Geist produziert eine Vorstellung von der wahrgenommenen Wirklichkeit.

Chittamatra: Die äußerlichen Gegenstände existieren nicht für sich allein. Sie existieren ausschließlich als Projektionen des Geistes, als vom Geist geschaffene Täuschungen.

Madhyamaka: Sowohl die mutmaßliche als auch die tatsächlich wahrgenommene Wirklichkeit existiert nicht. Die relative Wirklichkeit ist der Bereich der Manifestation der Klarheit. Die höchste Wirklichkeit ist der Bereich der Manifestation der Leerheit.

Fragen und Antworten

Was kann man tun, um das Meditieren zu lernen? Was bedeutet Meditation?

Die Meditation findet auf der Ebene des Geistes statt. Sie trägt sehr dazu bei, Ruhe in den Geist zu bringen, wenn er sich in heftiger Erregung oder in Verwirrung befindet. Durch Meditation kann man einen tiefen Frieden erfahren. Weiterhin ist Meditation das notwendige Hilfsmittel, um unsere fundamentale Unwissenheit zu überwinden und sie in ein geschäftiges Bewußtsein für die wahre Natur der Dinge zu transformieren; dieses Bewußtsein kann durch Meditation geradezu in unbegrenztem Maße entwickelt werden. Auf diese Weise werden die Allwissenheit der Erleuchtung und der Buddhazustand verwirklicht. Der Begriff Meditation umfaßt ein unglaublich breites Spektrum an Übungen. Zusammenfassend läßt sich jedoch sagen, daß die wesentliche Funktion der Meditation darin besteht, neue Gewohnheiten zu schaffen, die unsere alten Einstellungen, die Ursache unseres Leidens, ersetzen. «Meditieren» im Tibetischen bedeutet «Sich mit etwas vertraut machen».

Von welchen alten Gewohnheiten und fundamentalen Neigungen müssen wir uns nun befreien? Sicherlich von störenden Emotionen wie beispielsweise Wut, Verlangen, Eifersucht,

Hochmut oder Entmutigung, denn diese Emotionen verursachen zahllose Gedanken und bringen unseren Geist in Verwirrung. Wir wollen uns vielleicht gar nicht ärgern, aber wir werden von der Wut übermannt. Wir lassen uns von ihr fortreißen und werden zum Opfer eines unerwünschten Impulses unseres Geistes.

Wie können wir diesen Impulsen die Stirn bieten? Zu allererst müssen wir beobachten, wann sie unseren Geist bestimmen. Und wir müssen erkennen, daß ihre große Kraft darin besteht, sich endlos zu wiederholen. Denn gerade dies ist die Ursache dafür, daß wir so oft wütend werden und daß die Emotionen immer wieder unseren Geist überschwemmen. Wir sind gewissermaßen «falsch erzogen». Unser Geist wird von falschen Konditionierungen bestimmt, und nun müssen wir ihn davon befreien.

Manche Menschen behaupten, daß Gefühle gezeigt und ausgedrückt werden müssen, und daß auf diese Art die Kraft der Impulse sich von selbst aufbraucht. Diese Theorie ist nicht richtig. Wenn wir unseren Gefühlen freien Lauf lassen, werden wir selbst erschöpft sein, aber die Emotionen ganz sicher nicht.

Wie denken Sie über Freiheit?

Freiheit ist das Kostbarste, was das menschliche Wesen besitzt. Indem wir die Natur der Wirklichkeit erkennen und begreifen, wie die zwölf Glieder des abhängigen Entstehens zusammenhängen, erlangen wir bereits ein gewisses Maß an Freiheit. Mit diesem Verständnis können wir tatsächlich lernen, das System zu beherrschen, das unser Dasein steuert, und das Ergebnis unserer Taten kennen. Wir können von unserem Willensvermögen guten Gebrauch machen. Die Unterweisungen über das abhängige Entstehen zeigen uns, daß wir gleichzeitig Bedingungen unterworfen sind und über einen freien Willen verfügen. Es liegt bei uns, diese Erkenntnis in die Tat umzusetzen.

Wie sieht man den Buddha im Buddhismus? Ist er vergleichbar mit dem Gott der Christen?

Nein. Buddhisten betrachten den Buddha nicht so wie die Christen Gott. Wir wissen ja, daß er anfänglich ein ganz gewöhnliches Wesen war – so wie wir. Nachdem ihm die Existenz des Leidens bewußt geworden war, hat er meditiert und eine spirituelle Entwicklung durchlaufen, durch die er einen Zustand der Vollkommenheit erreicht hat, den Zustand der Buddhaschaft. Manchmal allerdings hat der Buddha für uns dieselbe Bedeutung wie Gott für die Christen. Denn wenn alles gut geht, sagen wir gewöhnlich, daß das Gedeihen und Glück, das wir genießen, die Auswirkungen des Segens des Buddha sind, genauso wie die Christen Gott danken. Wenn es weniger gut geht und wir Rückschläge einstecken müssen, krank werden oder ähnliches, dann sehen wir dieses Mißgeschick als die Frucht unseres Karma an.

Wie erklärt man im Buddhismus den Ursprung der Welt, wenn man das Vorhandensein eines Schöpfergottes verneint?

Nach buddhistischer Auffassung ist die Welt nicht das Werk eines persönlichen Gottes. Sie ist das Resultat des Karma. Das schaffende Prinzip des Weltalls muß im Karma gesucht werden, in der Gesetzmäßigkeit von Ursache und Wirkung. Man kann über das Karma des Weltalls, der Erde, eines bestimmten Landes etc. sprechen. Wenn ein Deutscher über Deutschland spricht, neigt er interessanterweise dazu, «mein Land» zu sagen. Der Gebrauch des Wortes «mein» ist gerechtfertigt, weil die Existenz eines jeden Landes die Frucht eines gemeinschaftlichen Karma ist, das Resultat gemeinschaftlicher Handlungen einer gewissen Anzahl von Menschen. Dieses kollektive Karma bringt eine gemeinschaftliche Erfahrung zustande, die genau übereinstimmt mit dem Land, das Deutschland genannt wird.

Gibt es viele Lehrreden des Buddha über die Leerheit?

Ja. Es gibt eine Sammlung von hunderttausend Vierzeilern über die Leerheit, die «Shlokas» genannt werden; es gibt außerdem eine gekürzte Version mit achttausend Vierzeilern und eine noch kürzere mit zweitausend Vierzeilern. Der kürzeste Basistext über die Leerheit ist das *Herz-Sutra*. Im Film *Little Buddha* wird dieser Text zitiert: «Es gibt keine Augen, keine Nase, keinen Mund...»

Sie sprechen über die Analyse des Selbst in der Meditation, das Sich-nach-innen-Wenden, aber gleichzeitig wird das Selbst verneint. Auch betonen Sie immer wieder die wechselseitige Abhängigkeit gerade so, als ob es keinen freien Willen gäbe.

Die Erörterung der zwölf Glieder des abhängigen Entstehens sollte nicht zur Vorstellung von Determinismus und Unfreiheit führen. Die zwölf Glieder stellen einfach die Kräfte und Beziehungen dar, die unser Dasein bestimmen und auf die man sich einstellen kann.

Man kann sich selbst sagen: «Wenn ich dafür sorge, daß meine karmischen Gewohnheitsmuster und die Impulse für mein Handeln positiv sind, dann hat das günstige Auswirkungen.» Diese Unterweisungen sind eher eine Offenbarung: Man entdeckt eine Freiheit. Wenn du siehst, daß da irgendwo Unkraut sprießt und du dafür sorgst, daß der Boden keine Nahrung mehr bekommt – kein Wasser und dergleichen –, dann wird Unkraut vernichtet. Der Buddhismus verfügt über eine große Anzahl von Techniken, die auf der Gesetzmäßigkeit von Ursache und Wirkung und auf der Lehre des abhängigen Entstehens beruhen. Wenn man sie mit Sachkenntnis praktiziert, kann man sich mit ihrer Hilfe von allem Negativen befreien.

Wenn wir hier davon sprechen, daß man sich in der Meditation nach innen wendet, und gleichzeitig die Theorie des Nicht-Ichs vertreten, scheint darin ein Widerspruch zu liegen.

Sich nach innen zu wenden bedeutet aber nicht, sich in der imaginären Einheit, die wir Ich nennen, einzuschließen. Denn man wendet sich dem Geist zu, nicht dem Ich; was in der Meditation erforscht wird, ist der Geist, und wir werden in der Versenkung feststellen, daß die Einheit, die wir Ich nennen, eigentlich nicht existiert.

Um die verschiedenen Glieder des abhängigen Entstehens zu begreifen und sie bewußt zu durchlaufen, ist ein hoher Grad an Intelligenz nötig. Die weniger intelligenten oder die gering begabten Menschen sind demnach beträchtlich benachteiligt. Im Christentum spricht man von der Gnade, die bewirkt, daß Menschen die innere Befreiung erlangen. Das sehe ich im Buddhismus überhaupt nicht.

Weisheit ist überall; es gibt Weisheit in der Liebe, es gibt Weisheit im Mitgefühl, und es gibt Methoden, Weisheit zu entwickeln. Was wir brauchen, ist überall vorhanden. Wenn man tatsächlich von der Möglichkeit, Weisheit zu entwickeln, ausgeschlossen sein sollte, dann gibt es immer noch die Kraft der Gebete.

Anhang

Der Buddhismus aus der Vogelperspektive

Seit dem Ableben des Buddha hat der Buddhismus eine bedeutende Entwicklung erfahren. Es dauerte wohl zehn Jahrzehnte, bis er sich über den ganzen asiatischen Kontinent ausgebreitet hatte, und vierundzwanzig Jahrhunderte, bis der Westen erreicht wurde (Karte I). Letztendlich finden wir den Buddhismus mittlerweile über die ganze Welt ausgebreitet.

Noch vor unserer Zeitrechnung fand die zweifache Entwicklung innerhalb der Tradition selbst statt: Die Strömung des Theravada verbreitete sich im Südosten Asiens, die des Mahayana im Norden (Karte II). Im Laufe der Zeit gewannen die beiden unterschiedlichen Zugänge zum Buddhismus ein sich immer deutlicher gegeneinander abzeichnendes Profil.

Der Buddhismus sollte sich in diesem Anfangsstadium vor allem entlang der großen Handelsstraßen, die Asien durchkreuzten, verbreiten (wie zum Beispiel die Seidenstraße), was durch die Unterstützung von Königen, Kaisern und Mitgliedern anderer sozialer Stände gefördert wurde.

Der Buddhismus verstand es auch, in allen Ländern, in denen er Fuß faßte, die autochthonen Traditionen zu integrieren.[1] Diese Tendenz führte zu einer großen Bandbreite an unterschiedlichen Standpunkten, Akzenten, Kunstformen und Bräuchen in den verschiedenen Ländern und Kulturen, die trotzdem alle einen eindeutig buddhistischen Charakter hatten. Daher die Bezeichnung der «tausend Gesichter» des Buddhismus und seine Einheit trotz der großen Unterschiede.

Die grundlegende Botschaft des Buddha, daß der Mensch sich von seinen Leiden befreien und die Unwissenheit, die ihn an den Kreislauf der Daseinsformen bindet, überwinden kann, ist der Kerngedanke aller buddhistischen Schulen und hat durch Übersetzungen in zahlreiche Sprachen bereits in unterschiedlichste Kulturen Eingang gefunden. Die Methoden, die verwendet werden, um dieses Ziel zu erreichen, unterscheiden sich allerdings, je nachdem, ob diese oder jene Schule mehr Nachdruck auf Moral, philosophische Betrachtungsweise oder Meditation legte. Schließlich gibt es auch noch innerhalb jeder Schule weitere Unterschiede in der Methode und in den Schwerpunkten der Lehre.

Über die Jahrhunderte hinweg entstanden auf diese Weise viele Traditionen und Richtungen. Wir können sie alle (sofern es sich um authentische Verzweigungen und eine deutliche Übertragungslinie handelt) als Flüsse bezeichnen, die durch verschiedene Länder fließen, aber letztendlich doch in einen großen Ozean münden. J. Bacot spricht von der Wurzel einer Riesenpflanze mit Hunderten von Verästelungen, die alle von demselben Stamm ausgehen. Obwohl sie auf den ersten Blick nicht zusammenhängend erscheinen, werden all diese Äste von ein und demselben, unsichtbaren Saft genährt.[2]

Die Buddhisten aller Schulen richten sich nach den Worten des Buddha. Was die Organisation betrifft, so hat der Buddha aus gutem Grund eine Struktur ohne Hierarchie gewählt. Seine Lehre stützt sich auf eine Logik, die bei der Analyse der Wirklichkeit auf Vernunft und persönliche Erfahrung gründet.

Deshalb ist der Buddhismus eine geeignete spirituelle Praxis für unsere heutige Zeit, in der die Kriterien von Logik und Empirismus einen außerordentlichen Stellenwert haben. Gleichzeitig antwortet der Buddhismus auf ein dringendes Bedürfnis nach Spiritualität.

Wenn also die «Abweichungen» und «Schismen» im Inneren des Buddhismus allzusehr betont werden, anstatt sich die Einheit vor Augen zu halten, dann geschieht das – ob bewußt oder unbewußt – oft aus ideologischen oder politischen Gründen.[3]

Die Zeit nach dem Buddha

Als der Buddha nach 45 Jahren des Lehrens in das Nirvana einging, überließ er unzählige Gläubige (Mönche, Klosterschüler und Laien) ihrer eigenen Verantwortung. Ihr spiritueller Meister hatte niemanden als seinen Nachfolger bestimmt. Während der ersten Regenzeit nach dem Ableben des Buddha rief der König von Magadha 500 außerordentliche Mitglieder des Sangha in Rajagriha, unweit von Gaya, zu einem ersten Konzil zusammen, das unter anderem zum Ziel hatte, die Worte des Buddha korrekt zu bewahren.

Heute gelten schriftliche Überlieferungen als ein Garant für Echtheit und Glaubwürdigkeit. Das war jedoch nicht immer so. In manchen Epochen und Kulturen wurde die mündliche Überlieferung sogar als das beste Mittel betrachtet. Zur Zeit des Buddha galten die geistige Klarheit und das Gedächtnis der Weisen als Sicherheit dafür, daß die Wahrheit korrekt weitergegeben wurde. Die zahlreichen philosophischen Debatten zu jener Zeit belegen dies.

Deshalb wurde zu diesem ersten Konzil der Lieblingsschüler des Buddha, Ananda, eingeladen, damit er die Lehren des Buddha wortgetreu darlegen konnte. Aus demselben Grund wurde Mahakashapa gebeten, zentrale Begriffe der Lehre zu definieren, und Upali, Richtlinien für die Verhaltensregeln des Sangha zu nennen. Über alle Aspekte der Lehre wurden Diskussionen geführt, und später wurde alles schriftlich festgehalten. So konnte dieses erste Konzil eine korrekte Auslegung der Lehren gewährleisten, und es entstand etwas, was man später *Tripitaka* (die Drei Körbe) nannte:

- *Vinaya,* die Regeln der Disziplin
- *Sutras,* die Worte des Buddha
- *Abhidharma,* die Psychologie und Philosophie des Buddhismus.

Ungefähr hundert Jahre später (386 vor unserer Zeitrechnung) wurde in Vaishali das zweite Konzil einberufen und unter der Regierung des indischen Königs Ashoka (272–236) vor unserer Zeitrechnung schließlich das dritte Konzil. Ashoka bestimmte den Buddhismus zur Staatsreligion im ganzen Reich, und Mönche wurden nach Thailand, Birma, Sri Lanka, in die Gebiete des Himalaya und in die zukünftigen griechischen Königreiche von Sogdiana und Baktrien ausgesandt. Auch in der Neuzeit fanden Konzile statt; das erste in den Jahren 1868–1871, das zweite 1954–1956. Bei beiden führte der König von Birma den Vorsitz. Das letzte Konzil von 1954 fand aus Anlaß des 2500sten Jahrestages des Erwachens des Buddha statt. Alle Konzile führten zu Entschließungen über die Lehre und ihre Verbreitung, ohne daß jedoch offizielle Verlautbarungen veröffentlicht wurden.

Der Dharma hat sich im Laufe der Zeit über den ganzen indischen Subkontinent ausgebreitet. Die Unterschiede zwischen den verschiedenen Schulrichtungen waren beträchtlich. Es gab bis zu achtzehn verschiedene philosophische Schulen. Anhängern verschiedener Schulen fiel es jedoch nicht schwer, als Bettelmönche zusammen zu leben und zu wandern.

Allmählich entstanden zwei Gruppen innerhalb des Sangha, die man später Theravada und Mahayana nannte. Der Dharma war vollkommen in das Leben auf dem indischen Subkontinent integriert. Heutige Historiker sprechen anerkennend von dem hohen geistigen Niveau der neuen Religion. Ein Herrscher wie der große Ashoka erkannte sehr wohl, daß vom Buddhismus nicht nur die Kraft geistiger Kulitiviertheit, sondern auch der politischen Einigung ausging. Beides erleichterte es ihm, die verschiedenen Völker seines Königreiches zu regieren.

Buddhismus in unserer Zeit

Im Verlauf des 19. Jahrhunderts erwachte im Westen das Interesse für die buddhistische Tradition. Die ersten Kontakte entstanden durch den europäischen Kolonialismus in Asien. Russen, Engländer, Franzosen und später auch die Amerikaner lenkten natürlich ihr Interesse auch auf die Religion der Länder, die sie besetzt hatten. Der Buddhismus wurde zum spirituellen Nährboden für die blühende Periode in der Geschichte von Ländern wie China, Japan, Sri Lanka, Vietnam und Tibet und durchdrang die gesamte kulturelle Tradition dieser Länder. In Europa wurden Institute für Orientalistik gegründet, um das Wissen über Asien und seine geistigen Traditionen zu erweitern. Die größten Gelehrten vertieften sich in das Studium sakraler Texte und öffneten Europa für neue Ideen.

Ab Beginn des 20. Jahrhunderts wurden die Forschungen und Publikationen zum Themenkreis Buddhismus immer zahlreicher.[4] Auch Philosophen wie Bergson, Michaux, Richert, Jaspers, Schopenhauer, Wittgenstein und Heidegger und Autoren wie Hesse, Jung und Huxley widmeten sich dem Studium des Buddhismus, der ihnen jedoch in den meisten Fällen zu orientalisch vorkam, um sich wirklich darin vertiefen zu können.[5] Die Theosophie integrierte ebenfalls einige Begriffe des Buddhismus.

Trotz des wachsenden Interesses für die Lehre des Buddha, wozu auch die Masseneinwanderung der Immigranten aus China, Laos und Vietnam beitrug, wurde die Bedeutung bestimmter Texte im Westen nicht genau verstanden und in der richtigen Weise vermittelt. In der Tat tendierten die Übersetzer dazu, die ursprünglichsten Begriffe der Texte mit abendländischen Konzepten zu verknüpfen, und verformten auf diese Art und Weise ihre Bedeutung.

In der zweiten Hälfte dieses Jahrhunderts fand der Zen-Buddhismus in den Vereinigten Staaten und in Europa großen Zuspruch. Es zeigte sich, daß diese Form gut zu dem pragmatischen Charakter der Amerikaner paßte. Auch große tibetische Meister wie Chögyam Trungpa Rinpoche und Kalu Rinpoche wurden eingeladen und haben es verstanden, den Vajrayana in geeigneter Weise zu vermitteln. 1987 zählte man in den USA ungefähr vier Millionen Buddhisten. Immer mehr Menschen begannen, sich für Meditation zu interessieren. Fast überall in Europa und in den USA wurden von Freiwilligen Studien- und Meditationszentren errichtet, um einer stets wachsenden Öffentlichkeit die Möglichkeit zu bieten, Unterricht bei buddhistischen Lehrern zu nehmen.

1989 erhielt der Dalai Lama den Friedensnobelpreis, und in manchen europäischen Ländern ist der Buddhismus bereits die fünfte anerkannte Religion: alles Zeichen vom Aufschwung und Erfolg dieser Tradition.

Im Osten hingegen ist die Situation ganz anders. Viele buddhistische Länder gerieten unter den Einfluß des Kommunismus: erst die Äußere Mongolei (1924), dann China (1949), anschließend Tibet (1950) und schließlich Indo-China (1945, 1971). Verwüstungen von Tempeln, Verhaftungen und Folter von Mitgliedern des Sangha waren die Folge.

Das Mahayana, das bei seiner Verbreitung in Asien selbst gewisse Elemente autochthoner Kulturen integriert hatte, eignete sich am besten für die Begegnung mit anderen Traditionen.

Aus demselben Grund ist es auch gerade diese Schule, die den Bedürfnissen und Erwartungen der westlichen Welt am ehesten entgegenkommt. Im Vergleich mit anderen Schulen neigt das Mahayana weniger dazu, Vorschriften zu machen, sich vielleicht nur mit Mühe in die gegenwärtige westliche Lebensweise integrieren zu lassen.[6] Seit einigen Jahren jedoch hat auch der Theravada sein Sprachrohr gefunden, um der westlichen Öffentlichkeit seine Botschaft von Moralverhalten und Meditationsmethoden, die den Geist zur Ruhe bringen, zu präsentieren.

Anmerkungen

1 Der Muismus in Korea, der Schintoismus in Japan, der Konfuzianismus und der Taoismus in China, der Bön in Tibet, die spiritistischen Gottesdienste und die Religion der Vorfahren in anderen Ländern.
2 J. Bacot, *Le Bouddha,* La nouvelle revue tibétaine, 1987, S. 114
3 Am zweiten Mai fand in Wen Jiang in der Nähe von Chendu ein geheimes Treffen statt. Mit auf der Tagesordnung: eine definitive Lösung für Tibet. Einer der Beschlüsse, der hier von den chinesischen Autoritäten gefaßt wurde, war darauf ausgerichtet, Zwietracht unter den religiösen Führern zu säen.
4 P. Harvey, *An Introduction to Buddhism,*
Cambridge University Press, 1990, S. 353. Harvey präsentiert eine kurze Auflistung der ersten westlichen Gelehrten, die sich über den Buddhismus äußerten.
5 Schopenhauer (1788–1860) zum Beispiel war überrascht über die Parallelen seiner Ideen zu denen des Buddhismus. Aber wie zahlreiche Intellektuelle das auch heute noch tun, vermengte er Elemente des Buddhismus und Hinduismus, die zwei ganz verschiedene Traditionen darstellen.
Die Reflexionen über das menschliche Leiden, über die Welt «als ein Traumbild unseres Gehirns», inspirierten ihn zu Formulierungen, die sehr buddhistisch klingen, wie: «Unser Dasein beruht auf keinem anderen Fundament als der fließenden Gegenwart.»
6 Strenger Vegetarimus ist z. B. in einer Nomadenbevölkerung schwierig einzuhalten. Die Tatsache, daß der Sangha nur ißt, was ihm gegeben

wird, und daß er weder Medizin nimmt noch einen festen Wohnsitz haben darf, macht die Integration in hochbürokratischen Gesellschaften nicht leicht.

Die geographische Ausbreitung
in Asien

Die Zahlen verweisen auf das Jahrhundert, in dem die betreffenden Länder erstmals in Berührung mit dem Buddhismus gekommen sind: «-» bedeutet «Jh. vor unserer Zeitrechnung», «+» meint «Jh. unserer Zeitrechnung».

I. Erste grundlegende Kontakte mit dem Buddhismus

II. Ausbreitung des Buddhismus

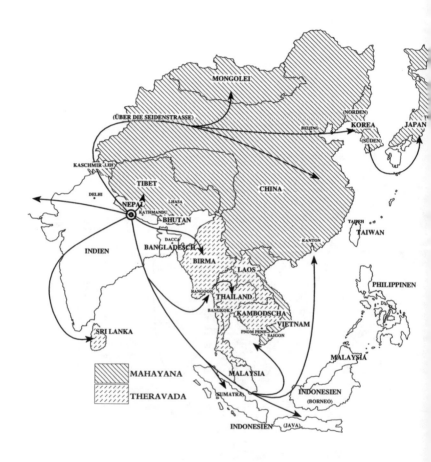

III. Verbreitung des Mahayana und des Theravada

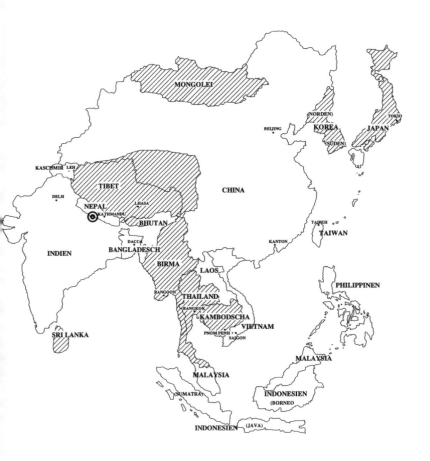

IV. Der Buddhismus als vorherrschende Religion

Die historische Entwicklung der weltweiten Verbreitung des Buddhismus

Birma

Im ersten Jahrhundert vor unserer Zeitrechnung begannen in Birma singalesische Mönche den Theravada zu lehren, und während des elften Jahrhunderts breitete sich der Buddhismus im ganzen Land aus. Außerdem haben vom siebten bis zum neunten Jahrhundert Mahayana und Vajrayana ihren Einfluß ausgeübt.

Im 11. Jahrhundert wurde das ganze Land unter der Herrschaft des Königs Anaratha zum Theravada bekehrt. Von Birma ausgehend weitete sich die Strömung nach Thailand und weiter nach Kambodscha und Laos aus.

Man bediente sich des Buddhismus unter anderem, um die Rivalitäten untereinander zu beseitigen und einen demokratischen Geist zu schaffen. Das birmanische Volk erwarb sich dadurch den Ruf einer Gemeinschaft angenehmer Menschen. Bei den Parlamentswahlen 1990 gewann die Liga der Demokratie eine große Mehrheit der Stimmen. Die Machtübernahme wurde jedoch verweigert, und eine von China gestützte Militärdiktatur bestimmte weiterhin die Politik des Landes.

China

In China kam es bereits zu Beginn unserer Zeitrechnung zu ersten Kontakten mit dem Buddhismus. Mönche und Übersetzer kamen ins Land, und es gelang ihnen, eine angemessene Terminologie zu erarbeiten, die eine korrekte Übertragung der Lehren ermöglichte. Unter ihrem Einfluß entwickelte sich unter anderem ein chinesischer Zweig des Mahayana.

Die Tang-Periode (618–907) war das goldene Zeitalter des Dharma in China, obwohl es im Jahr 845 zu Verfolgungen kam. Die Regierung, die sich in Geldnot gebracht hatte, um Kriege zu führen, beschlagnahmte Klostergrundstücke und deren Reichtümer.

Der *Ch'an* überlebte die Zerstörung der Klöster, da er auch ohne Grundbesitz und Tempel seine Tradition zu bewahren verstand. Die Schule des Reinen Landes war als Laienbewegung ebenfalls nicht auf kirchliche Institutionen angewiesen. Während der Ming-Dynastie (1368–1662) erlebten diese beiden Strömungen einen weiteren Aufschwung, bis in der Quing-Dynastie der Vajrayana begann, einen großen Einfluß auf den Kaiserlichen Hof auszuüben. Er hat den chinesischen Buddhismus nachweislich in verschiedenen Bereichen geprägt.

Von 1850 bis 1864 wurde die buddhistische Welt von einer wilden Zerstörungswut heimgesucht. Doch zwischen 1912 und 1949 wandte man dem Buddhismus erneut große Aufmerksamkeit zu. Er erlebte eine Art intellektuelle Renaissance: Es entstanden buddhistische Laienbewegungen, die sich im sozialen Bereich und in der Erziehung engagierten und die Meditation förderten. Der Sieg der Kommunisten im Jahr 1949 führte jedoch wiederum zu einer Schließung der Klöster. Die neuen Machthaber verstanden es, die Prinzipien der Religion für politische Zwecke zu nutzen, und formulierten sie dementsprechend um: Das Engagement für die Entwicklung einer kommunistischen Gemeinschaft galt jetzt als das Werk eines Bodhisattva, das

Töten eines Feindes dieser Gemeinschaft als ein Ausdruck von Mitgefühl. Die Kommunisten hatten den politischen Nutzen des Buddhismus sehr gut verstanden. Er ermöglichte ihnen auch, Beziehungen zu anderen asiatischen Ländern zu knüpfen.

Von 1980 an wurden sogar Weihen wieder zugelassen, und eine buddhistische Akademie wurde vom Staat finanziert. Trotz dieser Versuche hat der Buddhismus seinen früheren Status nicht wiedererreicht: Während man im Jahr 1930 noch 738 000 Mönche zählte, hatte sich ihre Zahl 1986 auf 28 000 Mönche reduziert.

Indien

Während des Hunneneinfalls (im fünften Jahrhundert) aus Zentralasien wurden zwar viele Klöster zerstört, doch der Dharma übte weiterhin einen starken Einfluß auf den indischen Subkontinent aus. Im siebten Jahrhundert erlebte der Hinduismus eine neue Blütezeit und verdrängte den Buddhismus. Nach einer Welle der Zerstörung durch den Islam sollte schließlich keine Spur des Buddhismus mehr übrigbleiben: So wurde die große Universität von Nalanda, die vom sechsten bis zum neunten Jahrhundert ein wichtiges Kulturzentrum gewesen war, 1198 von den Moslems verwüstet. In einigen Gebieten konnte der Buddhismus noch zwei- bis dreihundert Jahre überleben, aber schließlich verschwand er aus dem Lande seines Ursprungs.

Glücklicherweise sind die Juwelen der buddhistischen Philosophie, die Indien hervorgebracht hat, bewahrt worden. Gegen Ende des neunzehnten Jahrhunderts erwachte ein erneutes Interesse bei den Intellektuellen Indiens, die vor allem von der rationalen Seite der Religion und der Tatsache, daß die Klassengesellschaft verworfen wird, angezogen wurden. Dharmapala und Ambedkar traten für einen sozialen Buddhismus ein und gründeten ihre Forderung, die Kaste der «Unberührbaren» als minderwertigen Stand aus ihrer Isolation zu befreien, auf buddhistischen Prinzipien. Eine massenhafte Bekehrung Hunderttausender dieser Armen erfolgte in den fünfziger Jahren.

Politiker wie Gandhi und Nehru ließen sich ohne Zweifel ebenfalls durch den Buddhismus inspirieren.

Indonesien

Der Buddhismus erfuhr im achten und neunten Jahrhundert eine große Ausbreitung, wurde aber im zwölften Jahrhundert durch den Islam in den Hintergrund gedrängt. Im vierzehnten oder fünfzehnten Jahrhundert nahm der Islam endgültig seinen Platz ein. Borobudur bleibt nichtsdestotrotz ein buddhistisches Monument von großer Bedeutung, das jährlich von zahlreichen Pilgern besucht wird.

Japan

Ungefähr im sechsten Jahrhundert wurde der aus Korea eingeführte Buddhismus zur Staatsreligion erhoben. Zu einer zweiten Phase voll kreativen Elans kam es am Ende des zwölften und zu Beginn des dreizehnten Jahrhunderts.

Eine wichtige Strömung im japanischen Buddhismus war die Tradition des Amidismus. Ryonin erklärte schon im Jahr 1124, daß allein die Rezitation des «Nembutsu» (Name des Buddha Amithaba oder Amida [jap.]) ein Mittel zur Befreiung sei. Durch Honen (1133–1212), den Begründer der Jodo-Schule, gewann die Bewegung einen noch größeren Einfluß. Die Jodo-Schule predigte die Lehre des Amidismus in der festen Überzeugung, daß alle anderen Techniken in diesem Zeitalter des Niedergangs keinen Wert hätten. Der Adel und die Samurai unterstützten diese Schule und sicherten ihr damit den Erfolg, darunter einer der Schüler von Honen: Shinran (1173), der Gründer des Jodoshin-shu (‹der echten Jodo-Schule›). Diese Schule kennt kein mönchisches Leben, sondern ist eine reine Laiengemeinschaft, was es Menschen noch leichter machte, sich ihr anzuschließen.

Eine nach ihrem Gründer benannte Sekte hieß Nichiren. Sie zeichnete sich im besonderen durch ihren Nationalismus und ihre Kampfbereitschaft aus. Diese Tendenzen lassen sich durch die ununterbrochene Gefährdung durch eine mongolische Invasion erklären. Im Gedankengut von Nichiren wurzeln auch die Lehren der Soka-Gakkai-Sekte, einer modernen Massenbewegung in Japan, deren Aktivitäten auf sozialpolitischem Sektor zu Kontroversen geführt haben.

Die wichtigste Strömung im japanischen Buddhismus ist Zen, der im Gegensatz zur allgemeinen Auffassung seinen Ursprung in China hat: Die chinesische Tradition der Lin-chi-Schule wurde in Japan zu Rinzai, die Tradition der Tsao-tung-Schule, die von Dogen Zenji (1200–1253) nach Japan übertragen wurde, zu Soto.

Die Zen-Tradition schenkt von jeher der Schönheit der Welt viel Aufmerksamkeit und hat dadurch eine eigene künstlerische Bewegung auf den Gebieten der Architektur, Bildhauerkunst, Malerei, Kalligraphie, Literatur (Hakuin, Basho) usw. ins Leben gerufen. Zen betont die Nutzlosigkeit jeglicher intellektuellen Annäherung an die Praxis und hat Methoden entwickelt, um den Übenden über das logische Verstehen hinaus zur Wesensschau zu führen. Während der Shogun-Periode (1335–1572) konnte Zen auf die Unterstützung der Regierung zählen. Nach dem Wiederaufleben des Konfuzianismus im siebzehnten Jahrhundert und des Shintoismus im neunzehnten Jahrhundert begann der Niedergang des Buddhismus. Seit dem Zweiten Weltkrieg sind in Japan jedoch deutliche Anzeichen einer Renaissance des Buddhismus zu spüren; um 1950 gehörten zwei Drittel der Bevölkerung wieder der einen oder anderen buddhistischen Gruppierung an. Shunryu Suzuki machte die Zen-Tradition schließlich in Europa und in den USA bekannt. Gemäß der japanischen Tradition findet der Buddhismus seinen Ausdruck verstärkt in der sozialen Bewegung und in der Erziehung.

Kambodscha

Nach den ersten Kontakten Kambodschas mit der Lehre des Buddha im dritten Jahrhundert, erreichte der Buddhismus seinen Höhepunkt im fünften und sechsten Jahrhundert.

Während zu Beginn vermutlich Hinayana und Mahayana dominierten, gewann im elften Jahrhundert der Vajrayana an Einfluß. Im dreizehnten Jahrhundert übte zudem der thailändische Buddhismus Einfluß auf das buddhistische Leben aus.

Das Königshaus führte schließlich den Theravada ein und ließ sich vorwiegend vom ceylonesischen Vorbild inspirieren.

Nach den amerikanischen Bombardements in Kambodscha (1971) ergriffen die Roten Khmer die Macht. Das von ihnen eingeführte kommunistische Regime ist für den Tod zahlreicher Mönche verantwortlich. Mit militärischer Hilfe Vietnams kam später ein toleranteres Regime an die Macht. Der Buddhismus stand stets der politischen Linken nahe.

Das Land hat noch immer 30000 Pagoden, aber der Buddhismus spielt heute eine weniger zentrale Rolle in der Kultur und der Erziehung. Hinzu kommt, daß der ökonomische Aufschwung alle Kräfte der Bevölkerung mobilisiert, und die Verführung des Konsums, die auch die Kambodschaner erreicht hat, läßt sie mehr und mehr am Nutzen des Aufenthalts in einer Pagode zweifeln. Die Buddhisten Kambodschas sind vor allem im Bereich des Umweltschutzes aktiv und bemühen sich darum, die Rolle des Buddhismus in einer sich schnell modernisierenden Gesellschaft zu überprüfen und neu zu definieren.

Korea

Im vierten Jahrhundert fand der Buddhismus in Korea Einlaß und erlebte zwischen dem sechsten und dem neunten Jahrhundert eine Blütezeit, wobei Elemente der alten autochthonen Religion in die neue Lehre einflossen. Zehn Jahrhunderte später beherrschte der Buddhismus das gesamte kulturelle Leben.

Korea hat bei der Verbreitung des Buddhismus eine zentrale Rolle gespielt, indem es die Brücke zwischen China und Japan bildete. Die Religion hatte die Unterstützung des Königs und des Adels und genoß seit dem zwölften Jahrhundert das Vertrauen des Volkes.

Seit dem Krieg (1950–1953), dessen Ergebnis das Land in zwei Teile geteilt hat, ist es fast unmöglich, Informationen über den Status des Buddhismus im Norden zu erhalten. Im Süden ist dagegen ein Übergewicht des Konfuzianismus festzustellen. Taoistische und schamanistische Einflüsse sowie modernistische Tendenzen lassen sich bei den fünfzehn Millionen Buddhisten in Korea ebenfalls finden.

Das Wiederaufleben des Buddhismus in jüngster Zeit scheint auf die Tatsache zurückzuführen zu sein, daß der buddhistische Kanon aus dem Chinesischen ins Koreanische übersetzt wurde. Die Organisation junger Buddhisten hilft beim Studium und engagiert sich für soziale Dienstleistungen.

Mongolei

Seit dem dreizehnten Jahrhundert standen die Mongolen unter dem Einfluß des aus Tibet kommenden Vajrayana-Buddhismus. Dieser verstärkte sich noch, als der Dalai Lama als König von Tibet und Ratgeber der mongolischen Führer anerkannt wurde.

Marco Polo schildert, welch starke Wirkung die Fähigkeiten

der tibetischen Lamas auf die Mongolenführer ausübten. Unter ihrem Einfluß entstanden neue Gesetze, die das Opfern von Frauen, Sklaven und Tieren verboten und die Jagd einschränkten.

Es wurden viele Klöster gebaut, und der Buddhismus prägte und förderte die mongolische Kultur. Auch andere Nomadenvölker, wie die Kalmücken oder die Buriyaten (Südsibirien), bekannten sich zur buddhistischen Lehre (siehe Rußland).

Eine 4300 km lange Grenze trennt die Mongolei vom Nachbarland China. Die Chinesische Mauer ist ein unmißverständliches Zeichen für die Gefühle der Chinesen denen gegenüber, die hundert Jahre auf ihrem Thron saßen.

Vor kurzem wurden Leben und Werk des buddhistischen Künstlerkönigs Zanabazar (1635–1723) wiederentdeckt: Dieser mongolische Lama studierte in Tibet. Sein künstlerisches Werk sollte zwei Jahrhunderten mongolischer Kunst seinen Stempel aufdrücken. Zanabazar war zugleich Philosoph, Dichter, Linguist, Bildhauer, Erbauer von Klöstern und Staatsmann.

1924 erlebte das Land einen übergangslosen Wechsel vom Feudalismus zum Marxismus-Leninismus. Das bedeutete unter anderem, daß in zehn Jahren 500 Klöster verwüstet wurden.

Inzwischen ist die Innere Mongolei völlig unter chinesischen Einfluß geraten, die Äußere Mongolei hat ihre Autonomie wiedererlangt, seit sie sich aus dem Sowjetblock gelöst hat.

Die Mongolen sind sehr stolz auf ihre buddhistische Vergangenheit und bemühen sich, dieses kulturelle Erbe wieder aufzuwerten.

In der heutigen freien Mongolei ist eine regelrechte Auferstehung des Buddhismus zu beobachten. Kulturstätten, die trotz jahrzehntelanger kommunistischer Herrschaft erhalten geblieben sind, werden wieder ihrer Bestimmung zugeführt.

Rußland

Obwohl die Russen schon im zwölften Jahrhundert mit der Lehre des Buddha in Berührung gekommen waren, fand der eigentliche Aufschwung des Buddhismus erst im achtzehnten Jahrhundert statt, vor allem bei den Buriyaten, Kalmücken und in Tuva. Es wurden Klöster gegründet, Bibliotheken und Druckereien gebaut, und die religiöse, künstlerische und medizinische Erziehung erhielt entscheidende Impulse durch die buddhistische Lehre. Die Anzahl der Buddhisten war klein, und dennoch war ihr Einfluß so prägend, daß man den Buddhismus als die bestorganisierte Religion ansah. Ungefähr im neunzehnten Jahrhundert wurden die Kontakte mit Tibet durch Behinderungstaktiken der chinesischen Bürokratie erschwert. Lama Dorjiev (1853–1938), eine Galionsfigur des russischen Buddhismus, bemühte sich darum, die Beziehungen wiederherzustellen. Er war der Tutor und einer der Ratgeber des dreizehnten Dalai Lama. Seinem Einfluß ist es zu verdanken, daß der letzte russische Zar, Nikolaus II., seine Zustimmung zum Bau eines buddhistischen Tempels in Sankt Petersburg gab. Von Tibet aus unterstützte der Dalai Lama das Projekt sowohl moralisch als auch finanziell. Aus Europa erhielt es Unterstützung durch mehrere berühmte Orientalisten; einer von ihnen verdient besonders hervorgehoben zu werden: der große Sanskritologe und Spezialist für buddhistische Logik, Stcherbatsky. 1913 wurde der Bau des Tempels beendet, und im selben Jahr sollte noch der 300. Geburtstag der Romanow-Dynastie gefeiert werden.

Aufgrund seines nicht-theistischen Charakters konnte sich der Buddhismus in den ersten Jahren der Revolution behaupten. Dazu kam noch, daß Tausende von religiösen Schulen in den buddhistischen Gebieten für eine gute Erziehung sorgten, was von der Bevölkerung dankbar angenommen wurde. Die Kommunisten mußten politische und pädagogische Maßnahmen ergreifen, um den Einfluß des Buddhismus zu untergraben. Man schreckte bald auch nicht mehr davor zurück, durch Gewalt, Deportationen und Hinrichtungen den Buddhismus völlig auszurotten. So wurden die buddhistischen Führer in Rußland verpflichtet, an einer «Charme-Kampagne» mitzuwirken, welche die asiatischen Länder verführen sollte, dem Beispiel Pekings und Moskaus zu folgen. In der Mongolei verbot man, nach der neuen Inkarnation des gestorbenen buddhistischen Patriarchen zu suchen.

Um 1929 läutete Stalin eine antireligiöse Periode ein. Ein großer Teil der Klöster wurde innerhalb weniger Jahre geschlossen oder zerstört, und Lamas und Mönche wurden zu Tausenden umgebracht.

Seit Beginn der Perestroika-Politik kann sich der Buddhismus wieder entfalten; es gibt sogar buddhistische Gemeinden in Moskau und in den slawischen Republiken. Der Tempel in Sankt Petersburg wurde der buddhistischen Gemeinschaft wieder übergeben.

Sri Lanka

Der Legende nach soll Buddha die Insel dreimal besucht haben. 240 vor unserer Zeitrechnung wurde der König Ceylons, Devanampiya Tissa, durch Mahinda, den Sohn (oder Neffen?) des mächtigen, buddhistischen Königs Ashoka, bekehrt.

Die Tochter Ashokas ordinierte Nonnen und brachte einen Zweig des Bodhibaums, des Baums, unter dem der Buddha die Erleuchtung erlangt hatte, nach Ceylon.

Der Einfluß des Buddhismus, der sich in Sri Lanka entwickelt hat, reicht bis nach Thailand und Birma. Die Einwohner sind seit Jahrhunderten überzeugte Buddhisten und bestanden stets darauf, daß auch ihre Könige Buddhisten waren. Die Mönche waren von jeher in das politische Leben stark einbezogen, was dazu führte, daß man in der Politik sozialen Fragen stets große Aufmerksamkeit schenkte. Dies war möglicherweise von Vorteil für die Insel, aber die Integrität des Buddhismus in Sri Lanka ist heute bedroht.

Wie es auch in anderen Ländern der Fall war, verhielten sich die Europäer, als sie in das Land eindrangen, nicht immer vorbildlich: So kam es durch die ersten Eroberer (die Portugiesen) zu Verfolgungen; die Niederländer und Briten bemühten sich, den Buddhismus durch Mission zu untergraben. Der militante Buddhismus, der auf der Insel vorzufinden ist, erklärt sich aus diesen geschichtlichen Ereignissen.

Die Buddhisten in Sri Lanka fürchteten keine öffentlichen Konfrontationen mit den Christen, und Historiker berichten uns von einem beeindruckenden Disput im Jahr 1873, bei dem die Christen in einer öffentlichen Debatte unterlagen. In der Mitte des neunzehnten Jahrhunderts wollten die Buddhisten eine Übereinkunft mit der Englischen Krone treffen, in der festgesetzt wurde, daß die Engländer den Buddhismus schützen sollten. Christliche Aktivisten verhinderten im letzten Augenblick diesen Ausgleich.

Im Jahr 1875 gründete Helena Petrowna Blavatsky (1831–1881) die Theosophische Gesellschaft, die der Motor eines modernen Buddhismus werden sollte. Eine andere Person, die sich hervortat, war Dharmapala (1864–1933): Er gründete die Mahabodhi Society mit dem Ziel, auf gerichtlichem Wege den heiligen Ort zurückzugewinnen, an dem der Buddha die Erleuchtung erlangte, denn dieser war unter die Herrschaft der Hindus geraten. Der politische Streit, der darauf folgte, brachte in seinem Kielwasser sozialistische und sogar marxistische Ideen nach Ceylon, die von «Mönchen» in ihren Lehren aufgegriffen und verbreitet wurden.

Nach dem Krieg erhielt die tamilische Minderheit mehr Rechte. Es entstand sogar eine ultranationalistische Bewegung, die sich den Buddhismus auf ihre Fahnen schrieb. So geriet der Buddhismus in die Falle der Ideologie.

Inzwischen werden alle Bürger aufgerufen, sich gemeinschaftlich für die Entwicklung der Insel einzusetzen. Es gibt auch Bewegungen, die sich für die Verbesserung der Beziehungen zwischen Tamilen und Singalesen einsetzen.

Taiwan

Die Regierung Taiwans steht einer Wiederbelebung der alten chinesischen Kultur positiv gegenüber, was auch dem Buddhismus zugute kommt.

So wurde hier vor kurzem die größte Buddhastatue der Welt eingeweiht: Sie kostete die Regierung zehn Millionen Dollar.

Auch auf Taiwan gibt es starke Erinnerungsbewegungen, die den Buddhismus der heutigen Zeit anpassen wollen, um dadurch wie Singapur und Hongkong den Sprung in die hypermoderne Welt zu schaffen.

Thailand

Zu den ersten Kontakten mit dem Theravada kam es vermutlich im sechsten Jahrhundert. Zwischen dem achten und dem dreizehnten Jahrhundert erlebte das Mahayana eine Blütezeit, und seit dem dreizehnten Jahrhundert sollte das Land endgültig der Theravada-Tradition folgen.

Es ist interessant zu sehen, wie die Entwicklung des Buddhismus in Thailand verlaufen ist. Thailand ist ein Land, das von den Europäern nicht kolonialisiert worden war und dem Druck Chinas, dem es auch heute noch ausgesetzt ist, nicht erlag. Abgesehen vom bhutanischen König ist der thailändische König der letzte Monarch, der den Buddhismus zur Staatsreligion erhoben hat. Er genießt eine große moralische Autorität: Es gelingt ihm nicht selten, die verschiedenen Parteien dazu zu bringen, Übereinkünfte zu schließen. Seine von Militärs geführte parlamentarische Regierung bittet den Sangha auch, an gesellschaftlichen Entwicklungsprojekten mitzuarbeiten: So ermutigen die Mönche zum einen die Dorfbewohner zur Zusammenarbeit, zum anderen beteiligen sie sich auch manchmal selbst an der Verwirklichung bestimmter Projekte. Diese Politik scheint eine antikommunistische Strategie von seiten der Machthaber zu sein.

Wie Birma hat auch dieses Land viele große Meditationsmeister hervorgebracht. Die Mönche scheinen sich in letzter Zeit verstärkt auch auf dem Gebiet des Umweltschutzes zu engagieren.

Tibet

Während der Regierungszeit des dreiunddreißigsten Königs Songtsen Gampo (610–649) hielt der Buddhismus Einzug in Tibet. Der König heiratete zwei buddhistische Prinzessinnen, eine Nepali und eine Chinesin. Auf Einladung von König Trisong Detsen (746–787) kam der große Yogi Padmasambhava mit 108 Panditas (indischen Gelehrten) nach Tibet, um den Buddhismus zu lehren. Man begann, den buddhistischen Kanon zu übersetzen. Unter der Regierung von König Tri Ralpachen (817–836) wurde der Wortschatz revidiert.

Im Jahr 792 eröffnete man in Samyé eine große Debatte, in deren Verlauf man beschloß, daß Tibet alle Verbindungen zum chinesischen Buddhismus abbrechen und nur noch dem indischen Meister folgen sollte. Als Reaktion darauf verließen alle Chinesen das Land.

Unter König Lang Darma (838–842) kam es zur Verfolgung der Buddhisten und zur Zerstörung der buddhistischen Klöster in Tibet. Ein Jahrhundert lang verschwand der Buddhismus aus Tibet. Das war das Ende der Alten Tradition.

Die zweite Phase der Ausbreitung des Buddhismus (während des elften Jahrhunderts) begann mit Atisha, dem indischen Weisen, der ab 1042 in Tibet lehrte. Diese Wiederbelebung wurde durch das Wirken der großen Übersetzer Marpa und Rinchen Zangpo maßgeblich unterstützt. Es bildeten sich in der Folge die großen tibetischen Schulen heraus, in deren Mittelpunkt die Gültigkeit der Unterweisungen durch direkte Übertragung vom Lehrer auf den Schüler stand.

Ab 1253 entwickelten sich unter der Dynastie der Sakyapas zwischen Tibet und der Mongolei enge Verbindungen sowohl auf der geistigen als auch auf der politischen Ebene.

1249 wurde Sakya Pandita von den Mongolen zum Vizekönig von Tibet ernannt. 1578 erkannte Altan Khan, der mongolische Führer, Sönam Gyamtso den Titel des Dalai Lama zu. In der Zeit von 1617–1682 wurde der große fünfte Dalai Lama mit Hilfe der Mongolen der unangefochtene Herrscher von Tibet.

1950 begann die chinesische Invasion. Hundertzwanzigtausend chinesische Soldaten fielen in ein Territorium ein, das fast so ausgedehnt wie Europa, aber dünnbesiedelt war und nur über einige hundert Soldaten verfügte. Das Drama der fast vollständigen Vernichtung der Kultur, Fauna und Flora Tibets begann und hatte zur Folge, daß die Tibeter in ihrem eigenen Land zu einer Minderheit wurden. Tibet wurde von Massen von Chinesen überschwemmt; schon 1980 zählte die Hauptstadt Lhasa dreimal soviel chinesische wie tibetische Einwohner. 1959 flüchtete der Dalai Lama nach Indien. Das Oberhaupt der Tibeter führt nun schon seit mehr als dreißig Jahren einen friedlichen Kreuzzug, um die tibetische Kultur zu retten und um sein Volk zu schützen. In Indien entstanden tibetische Siedlungen, und Schulen und Klöster (ungefähr zweihundert) wurden errichtet. Es erfolgte eine Öffnung gegenüber anderen Kontinenten, wo heute bereits fast sechshundert Dharma-Zentren existieren.

Vietnam

Im dritten Jahrhundert fand der Theravada-Buddhismus Eingang in die vietnamesische Kultur und entfaltete sich im zehnten Jahrhundert in allen Bevölkerungsschichten zu voller Blüte. Im 11. Jahrhundert wurde das Mahayana in Vietnam eingeführt.

Im 20. Jahrhundert nahmen die vietnamesischen Buddhisten verstärkt auch am politischen Leben teil. Während des Vietnamkriegs riefen sie beide Seiten zur Desertion auf und erschienen so beiden Lagern verdächtig: Im Süden galten sie als prokommunistisch, von der nordvietnamesischen Armee wurden sie getötet, als diese 1975 ihr Land einnahm.

In den 60er Jahren beteiligten sich vietnamesische Buddhisten an Aktionen. Die Selbstverbrennungen buddhistischer Mönche lenkten die Aufmerksamkeit der Welt auf die buddhismusfeindliche Politik der Regierung. Diese verkündete zwar Religionsfreiheit, zögerte jedoch nicht, die aktiven Mitglieder der Bewegung, die die Demontage der Unified Buddhist Church (eine Vereinigung von Theravada und Mahayana) nicht hinnahmen, zu inhaftieren. Statt dessen setzte sie Regierungstreue ein, um die neugegründete Vietnamese Buddhist Church in ihrem Sinne zu kontrollieren und zu führen.

Im Mai 1993 kam es zu Unruhen; Anführer und Hunderte von Mitgliedern des Sangha wurden verhaftet. Die Religion wurde immer stärker in politisches Handeln verwickelt. Die Buddhisten drohten, «ihre Körper in brennende Fackeln zu verwandeln, um die Wahrheit zum Leuchten zu bringen». Die Regierung unterwanderte die Pagoden mit Informanten, aber der Widerstreit dauerte ungebrochen an; es ist deshalb kein Zufall, daß sich gerade in diesem Land ein «sozialer Buddhismus» entwickelt hat.

Der Westen

Das Weltparlament der Religionen zeigte 1893 in Chicago erstmals ein ernsthaftes Interesse am Buddhismus. Akademische Kreise schenkten in der ersten Hälfte des zwanzigsten Jahrhunderts dieser Tradition viel Aufmerksamkeit.

Westliche Wissenschaftler schätzen den Buddhismus, weil in dieser Lehre kritische Analyse, die auf tatsächlichen Erfahrungen beruht, als Kriterium gültigen Wissens gilt. Zudem haben die buddhistischen Lehren über das Funktionieren des Geistes und über die Beziehungen zwischen Geist und Körper den verschiedenen Wissenschaften wie Physik, Medizin, Neurobiologie usw. interessante Informationen zu bieten.

Für eine Vielzahl von Menschen, die auf spiritueller Ebene nach Methoden suchen, um Religion und Philosophie aufs neue in das tägliche Leben zu integrieren, und in der Meditation einen «königlichen Weg» zur Selbsterkenntnis und zu einem friedlichen Zusammenleben entdecken, befriedigt der Buddhismus ein essentielles Bedürfnis.

Menschen, die in der Politik, in der Moral, in der Beziehung zur Natur oder zu anderen Inspiration suchen, die ernsthaft über die Chancen eines Weltfriedens nachdenken, erkennen die starke, einigende Kraft des Buddhismus.

Das Resultat dieser Entwicklung ist, daß der Buddhismus in einigen westlichen Ländern nun offiziell als Religion anerkannt ist. 1994 entstand sogar eine buddhistische Republik: Kalmükkien. Das Gebiet dieser ehemaligen Sowjetrepublik grenzt an das Kaspische Meer und das Wolgadelta. In den letzten Jahrzehnten machten große Lehrer wie Hsuan Hua und Chögyam Trungpa im Westen ihren Einfluß geltend. Kalu Rinpoche, ein tibetischer Meister, der als einer der wichtigsten Yogis unserer Zeit gilt, gründete in Europa und Amerika Hunderte von Zentren.

Die zahlreichen buddhistischen Institutionen, die es sich zur Aufgabe gemacht haben, die Lehre des Buddha zu verbreiten,

haben ganz unterschiedliche Stile und Schwerpunkte entwik-
kelt: In einigen Zentren unterrichten zum Beispiel Lehrer aus
dem Osten, in anderen westliche Lehrer. Manche Institute ar-
beiten vollkommen autonom, andere sind einer internationalen
Organisation wie der *International Zen Association*, der *International Association of Buddhist Culture*, *Vajradhatu* oder der *Foundation
for the Preservation of the Mahayana Tradition* angeschlossen.

Die Entfaltung des Buddhismus im Westen muß noch karto-
graphiert werden. Wenn man bedenkt, daß allein für die tibetische Tradition bereits sechshundert wichtige kulturelle Zentren
auf der ganzen Welt ins Leben gerufen worden sind, versteht
man, daß das Ausmaß dieser Bewegung nicht zu unterschätzen
ist.

Was es bedeutet, Buddhist zu sein – Fragen und Antworten

Wie wird man Buddhist?

Eigentlich kann man nicht von einer typisch buddhistischen Handlungs- oder Lebensweise sprechen. Doch von der Warte der spirituellen Tradition aus betrachtet, erscheinen sowohl die Person des Buddha als auch seine Lehre – der Dharma – als überzeugende Wegweiser für ein friedvolles und erfülltes Leben. Die Praxis des Dharma führt zum spirituellen Wachstum, was durch den Unterricht der buddhistischen Gemeinschaft – des Sangha – unterstützt wird.

Wer also den Wunsch hat, sich am Buddha, Dharma und Sangha zu orientieren, diese als Leitfaden für sein Leben zu betrachten und durch sie Kraft zu schöpfen, der kann Zuflucht zu ihnen nehmen. So wird man Buddhist.

Muß man Buddhist werden, um den Buddhismus zu studieren?

Nein, man sollte sogar erst über das nachdenken, was man liest und studiert, bevor man eine solche Entscheidung trifft.

Können auch Kinder Buddhisten werden?

Normalerweise können und dürfen sie das. In einer buddhistischen Familie zum Beispiel wird man die Segnungen des Buddhismus in die Erziehung der Kinder mit einbeziehen. Es ist aber immer das beste, selbst darüber nachzudenken. Wenn man als Erwachsener den Buddhismus als heilsamen Weg zur Selbstverwirklichung erfahren hat, kann man erst wirklich entscheiden, ob man Buddhist sein will oder nicht.

Wer entscheidet, wer Buddhist ist?

Das ist eine schwierige Frage. Es gibt natürlich keine Prüfungskommission, die das beurteilt. Wenn aber jemand Zuflucht zu den drei Kostbarkeiten genommen hat (Buddha, Dharma und Sangha), sich ernsthaft der buddhistischen Praxis widmet und sich auch im täglichen Leben damit auseinandersetzt, kann man diesen Menschen einen Buddhisten nennen.

Muß man, wenn man Buddhist geworden ist, regelmäßig ein buddhistisches Zentrum besuchen?

Das kommt darauf an. Ein buddhistisches Zentrum ist in erster Linie eine Lebensschule des Dharma und ein Ort, an dem man den Dharma üben kann. Wenn dies jemandem wichtig ist, kann er oder sie ein solches Zentrum regelmäßig besuchen. Wenn man allerdings nur in ein buddistisches Zentrum geht, um andere Menschen zu treffen und über dieses oder jenes zu reden, oder vielleicht, weil man nichts anderes zu tun hat, ist ein Besuch oder Aufenthalt in einem Zentrum eigentlich überflüssig.

Worin besteht die Verantwortung eines buddhistischen Zentrums?

Buddhistische Zentren werden gegründet, weil man davon ausgeht, daß Interesse für den Dharma besteht. Um den Dharma auf die richtige Art und Weise praktizieren zu können, müssen die buddhistischen Lehrinhalte korrekt weitergegeben werden. Für die Überprüfung der Praxis im täglichen Leben ist man jedoch selbst verantwortlich. Das Studium des Dharma und die Praxis der Meditation bleiben der Eigenverantwortung des einzelnen überlassen.

Worin besteht unsere eigene Verantwortung?

Wenn wir gut zuhören, nachdenken und meditieren, lernen wir den Dharma persönlich kennen. Auf diese Weise können wir eine eigene vollkommene spirituelle Routine im Alltag schaffen, wobei wir uns von einem spirituellen Lehrer unterstützen lassen können. Doch man darf die Verantwortung nicht auf ein Zentrum oder eine andere Person abschieben; jeder muß Verantwortung für sich selbst übernehmen. Dafür sollte man seine gesamten Fähigkeiten einsetzen: alle Sinnesorgane (Augen, Ohren usw.) und den Geist. Was diesen Punkt angeht, neigen die Europäer zu extremen Handlungsweisen: Entweder sie haben gar kein Vertrauen, oder sie glauben alles blindlings. Um diese Fehler zu vermeiden, sollte man die volle Verantwortung für sich selbst übernehmen.

Kann der Buddhismus Ihrer Meinung nach den Europäern helfen?

Wenn man ihn ernsthaft studiert und praktiziert, ganz gewiß. Die meisten Schwierigkeiten der Europäer haben mit einem Mangel an mentaler Stabilität und der Hilflosigkeit störenden Emotionen gegenüber zu tun. Die Probleme Jugendlicher und Erwachsener sind häufig eine Folge davon.

Wenn man den Dharma praktiziert, heißt das nicht, daß man auf einmal keine Emotionen mehr hat. Der Buddhismus verfügt über Methoden und vermittelt Einsichten, die die mentale Stabilität stärken und bewirken, daß störende Emotionen das innere Gleichgewicht nicht mehr ins Wanken bringen. Wer den Buddhismus kennenlernt, wird sicherlich davon profitieren, denke ich.

Gibt es Unterschiede in der Wirksamkeit buddhistischer Richtungen? Ist die eine besser als die andere?

Das kommt wiederum darauf an. Niemand würde behaupten, daß eine bestimmte Richtung besser sei als die andere. Das kann man nicht so einfach entscheiden. Auch hier sollte man durch Studium und Praxis selbst herausfinden, was für einen am besten ist. Wenn jemand sich nach gründlicher Untersuchung für eine Richtung entscheidet, besteht kein Anlaß, diese Entscheidung in Frage zu stellen, und sie wird mit Sicherheit positive Folgen haben.

Anders formuliert ist für eine bestimmte Krankheit die eine Medizin besser als die andere. Man sollte sich davor hüten, die Medizin als etwas Absolutes zu setzen.

Weiß man, wenn man dieses Buch gelesen hat, alles über den Buddhismus?

Nein. Es ist wichtig, auch andere Bücher zu lesen und weiter zu studieren.

Im Buddhismus lassen sich drei bedeutende Strömungen unterscheiden: Theravada, Mahayana und Vajrayana. Wenn man alles über den Buddhismus wissen will, sollte man alle drei Richtungen studieren und nicht allein eine einzige, z. B. die Theravada-Tradition. Der Buddhismus ist wie ein Ozean. Es ist schwierig, ihn in einen Rahmen zu fassen.

Ich habe die Hoffnung, daß die Worte meines Buches – auch wenn es nur wenige sind – aus dem Ozean kommen mögen und somit den Lesern die Möglichkeit bieten, den ganzen Ozean zu sehen.

Freuen Sie sich, wenn Sie hören, daß viele Menschen Buddhisten werden wollen?

Nicht unbedingt. Doch wenn jemand mit Hilfe des Buddhismus zu einem mitfühlenden, gütigen Menschen wird und wenn sich in diesem Sinne viele Menschen positiv entwickeln, ist das ein großer Schritt vorwärts.

Glossar

Dieses Glossar beinhaltet in erster Linie Begriffe, die in diesem Buch vorkommen und einer näheren Erläuterung bedürfen. Dazu kommen einige Begriffe, mit denen LeserInnen immer wieder bei der Lektüre über den Buddhismus konfrontiert werden.

Abkürzungen:
chin.	chinesisch
jap.	japanisch
Skt.	Sanskrit
tib.	tibetisch
v. u. Z.	vor unserer Zeitrechnung

Abhidharma (Skt.) Einer der drei Teile des buddhistischen Kanons, der sich auf die Philosophie, Kosmologie und Psychologie bezieht.

Achtfacher Pfad Die acht Aspekte des Pfades, der zur Befreiung führt.
1. Rechte Erkenntnis: Erkenntnis der Vier Edlen Wahrheiten und der Unpersönlichkeit des Daseins (siehe auch *Anatman*).

2. Rechte Gesinnung: Entschluß zu Entsagung, Wohlwollen und Nicht-Schädigung von Lebewesen.

3. Rechte Rede: Vermeiden von Lüge, übler Nachrede und Geschwätz.

4. Rechte Tat: Vermeiden von Taten, die nicht mit der Grundethik übereinstimmen.

5. Rechter Lebenserwerb: Vermeiden von Berufen, die andere Wesen schädigen.

6. Rechte Anstrengung: Karmisch Heilsames fördern und karmisch Unheilsames vermeiden.

7. Rechte Achtsamkeit: beständige Achtsamkeit auf Körper, Gefühl, Denken und Denkobjekte.

8. Rechte Sammlung (Konzentration): Sammlung des Geistes, die in der meditativen Versenkung ihren Höhepunkt findet.

Alaya-Vijnana (Skt.) Archetypisches Bewußtsein, welches das gesamte karmische Potential birgt und von wo alle geistigen Impulse ausgehen.

Amidismus Sammelbegriff für alle chinesischen und japanischen Schulen, die den Buddha Amitabha zum Mittelpunkt ihrer Lehre gemacht haben.

Amitabha (Skt.) Einer der populärsten Buddhas des Mahayana, der vor allem in der chinesischen und japanischen Amidismustradition in hohem Ansehen steht.

Anatman (Skt.) Nicht-Selbst, Nicht-Wesenhaftigkeit; die Anatman-Doktrin ist eine der Zentralen Lehren des Buddhismus und besagt, daß kein Selbst im Sinne einer unvergänglichen und unabhängigen Substanz existiert.

Arhat (Skt.) Ein Heiliger, der über jede Form des Leidens erhaben ist, weil jegliche Begierde erloschen ist (siehe auch *Nirvana*). Der Arhat verkörpert das Ideal des Theravada.

Ashoka (272–236 v. u. Z.) Indischer König, der eine große Rolle bei der Ausbreitung des Buddhismus spielte.

Avidya (Skt.) Siehe Unwissenheit

Bardo (tib.) Wörtlich «Zwischenzustand»; Zustand, der den Tod eines Individuums mit seiner nachfolgenden Wiedergeburt verbindet. Im Vajrayana spricht man meistens über sechs Bardos:
1. Bardo des Augenblicks des Todes
2. Bardo der Höchsten Wirklichkeit
3. Bardo des Werdens
4. Bardo der Geburt
5. Bardo der Träume
6. Bardo der meditativen Versenkung

Bhikku (Pali; Skt. *Bhikshu*) Mönch

Bhikkuni (Pali; Skt. *Bhikshuni*) Nonne

Bodhicitta (Skt.) Wörtlich «Erleuchtungsgeist»; ein Kernbegriff des Mahayana. Im tibetischen Buddhismus unterscheidet man:
1. Relativer Bodhicitta: das Bestreben, alle Lebewesen vom Leiden zu erlösen und zur Erleuchtung zu führen, und die Ausdauer, dieses Ziel zu erreichen.
2. Absoluter Bodhicitta: Einsicht in die Leerheit, die unauflöslich mit Mitgefühl verbunden ist.

Bodhisattva (Skt.) Wörtlich «Erleuchtungswesen»; jemand, der das Gelübde abgelegt hat, alle Wesen vom Leiden zu befreien und sie zur Erleuchtung zu führen. Der Bodhisattva verwirklicht das Mahayana-Ideal. Die stützenden Faktoren seines Handelns sind Mitgefühl und Weisheit.

Buddha (Skt., Pali) Wörtlich «der Erwachte»
1. Der historische Buddha, Prinz Siddhartha
2. Jedes Lebewesen, das die Erleuchtung erreicht hat (siehe *Trikaya*)

Ch'an (chin.) Siehe Zen

Dharma (Skt.) Drei der vielen Bedeutungen des Dharma im Sanskrit sind wichtig:
1. Die Lehre des Buddha
2. Manifestationen der Wirklichkeit: Gegenstände oder Erscheinungen
3. Wahrheit oder das kosmische Gesetz, dem unsere Welt unterliegt

Dharmakaya (Skt.) Siehe *Trikaya*

Diskursives Denken Die Gewohnheit des Bewußtseins, Erscheinungen, die außerhalb von ihm sind, als unabhängige, von ihm getrennte Objekte zu betrachten. Das fünfte *Skandha*.

Drei Juwelen
1. Der Buddha: Verkörperung der Erleuchtung (Vorbild und Ziel)
2. Der Dharma: die Lehre des Buddha (der Weg)
3. Der Sangha: die Gemeinschaft derer, die diesen Weg eingeschlagen haben

(Vier) Edle Wahrheiten
1. Die Wahrheit des Leidens
2. Die Wahrheit von der Entstehung des Leidens

3. Die Wahrheit von der Aufhebung des Leidens
4. Die Wahrheit des Weges, der zur Aufhebung des Leidens führt

Ego In buddhistischem Sinn nicht zu verwechseln mit der «Persönlichkeit» eines Individuums. Das Fürwahrhalten eines Ego wird als Ursache allen Leidens angesehen.

Erleuchtung Erleuchtung ist der Zustand der geistigen Verwirklichung, in dem auch allerfeinste Spuren von Unwissenheit über die wahre Natur der Wirklichkeit verschwunden und alle dem Menschen innewohnenden Fähigkeiten zur Ausprägung gebracht worden sind; manchmal wird dies «die Verkörperung der drei Kayas» oder auch Buddhazustand genannt.

Dem Theravada zufolge ist die Erleuchtung das Ende aller Unwissenheit und störender Emotionen und deshalb die Freiheit von einer erneuten Wiedergeburt in Samsara.

Nach der Mahayana-Tradition ist das Theravada-Nirvana ein Zwischenstadium. Vollendete Erleuchtung beinhaltet nicht allein das Ende der Unwissenheit, sondern auch das Mitgefühl für alle fühlenden Wesen und die Bemühung, sie in die spirituelle Entwicklung miteinzubeziehen. Dem Mahayana zufolge hat der Arhat noch nicht die vollständige Erleuchtung erreicht.

Nach der Vajrayana-Tradition sind Theravada und Mahayana notwendig, der Übende kann aber darüber hinaus wirksamere Mittel einsetzen, um dieses Ziel zu erreichen.

Fa-hsien (337–422) Chinesischer Lehrmeister und Pilger, der Indien besuchte. Sein Reisebericht ist eine wichtige Informationsquelle über das Indien des vierten und fünften Jahrhunderts.

Götter Im Buddhismus steht dieser Name für die Bewohner des Götterbereiches (siehe auch die *Sechs Bereiche*).

Herz-Sutra Bedeutendes Sutra aus der Prajnaparamita-Tradition. In vielen Mahayana-Traditionen wird dieses Sutra regelmäßig zitiert.

Hinayana (Skt.) Wörtlich «Kleines Fahrzeug»; diese Bezeichnung wird als herabsetzend empfunden und gewöhnlich durch «Theravada» ersetzt (siehe *Theravada*).

Ichlosigkeit Das Selbst als eine unabhängige, substantielle und permanente Einheit ist eine Illusion, sowohl bezogen auf das Individuum als auch auf Objekte. Ichlosigkeit muß nicht erworben werden; sie ist der natürliche Zustand von allem, was existiert.

Karma (Skt.) Wörtlich «Tat»; das universelle Gesetz von Ursache und Wirkung. Karma bedeutet, daß unsere heutige Erfahrung das Resultat früherer Handlungen und Intentionen ist, zukünftige Umstände sind dementsprechend von unserem heutigen Handeln abhängig. Es gibt drei Arten von Karma:

1. Positives Karma, das zu den höheren Bereichen von Samsara oder bei einer erleuchteten Motivation zur Befreiung führt.
2. Negatives Karma, das eine Fortsetzung von Verwirrung und Schmerz bewirkt.
3. Neutrales Karma
   Das Ergebnis einer Handlung wird vor allem durch die Motivation bestimmt, mit der sie ausgeführt wird. Die Karmalehre bedeutet nicht Determinismus: In jeder Situation kann das Individuum positive Motivationen verstärken und negative vermeiden.

Klarheit Eine der inhärenten Eigenschaften des Geistes. Seine anderen beiden Eigenschaften sind *Leerheit* und *Unbegrenztheit*. Klarheit stimmt mit dem Sambhogakaya-Aspekt der Erleuchtung überein; sie ist das inhärente Vermögen des Geistes, die wahre Natur der Wirklichkeit kognitiv zu erfahren.

Koan (jap.) Ein paradoxes Gedicht, das häufig aus einem Sutra stammt. Zen-Meister geben ihren Schülern ein Koan, damit sie mit seiner Hilfe das lediglich konzeptuelle Denken überwinden können.

Lama (tib.; Skt. *Guru*) Religiöser Lehrer. Lamaismus ist eine falsche Bezeichnung für den tibetischen Buddhismus.

Leerheit Die Lehre von der Leerheit sagt aus, daß weder Lebewesen noch Objekte eine unabhängige und dauerhafte Existenz haben, gleichzeitig ist die Leerheit die grundlegende Beschaffenheit des Geistes selbst, die mit dem Dharmakaya-Aspekt der Erleuchtung übereinstimmt. Leerheit ist das zentrale Thema der Prajnaparamita-Texte und der Madhyamaka-Philosophie. Das bedeutet nicht, daß die Dinge überhaupt nicht existieren (was dem Nihilismus gleichkäme), sondern, daß sie bloße Erscheinungen sind. Und schließlich ist Leerheit eine der drei inhärenten Eigenschaften des Geistes.

Leiden Es werden drei Arten des Leidens unterschieden:
1. Das allem Zusammengesetzten innewohnende Leiden
2. Das Leiden aus der Veränderung
3. Das Leiden aus dem Leiden

Lin-Chi (chin.; jap. *Rinzai*) Name einer der einflußreichsten buddhistischen Ch'an-Schulen in China. In China begann ihr Einfluß im zwölften Jahrhundert abzunehmen. Die Rinzai-Zentradition ist in Japan noch immer sehr lebendig.

Madhyamaka (Skt.) Eine philosophische Schule aus dem Mahayana, die von Nagarjuna geprägt wurde. Die Madhyamaka-Schule betont im besonderen den Aspekt der Leerheit.

Magadha Nordindisches Königreich zur Zeit des historischen

Buddha, in dem der Buddhismus seine erste Entfaltung erlebte.

Mahabodhi Society Von einem ceylonesischen Mönch im Jahr 1891 gegründete Gesellschaft, die die Hindus davon überzeugen wollte, daß Bodhgaya wieder ein Zentrum des Buddhismus werden müsse. Als Folge ihres Eifers begannen indische und englische Intellektuelle sich für den Buddhismus zu interessieren.

Mahayana (Skt.) Wörtlich «Großes Fahrzeug», eine der zwei großen Schulrichtungen innerhalb des Buddhismus. Diese Strömung legt die Schwerpunkte ihrer Lehre auf die Leerheit aller Erscheinungen, das Mitgefühl und die Erkenntnis der universalen Buddha-Natur (siehe auch *Tathagatagarbha*).

Mantra Formel aus Wörtern oder Silben aus dem Sanskrit. Der Klang des Mantra gibt bestimmten Aspekten des erleuchteten Geistes Ausdruck. In vielen buddhistischen Schulen ist das Rezitieren von Mantras eine zentrale Meditationsform.

Milarepa Der berühmteste der tibetischen Yogis, der vor allem durch seine mystischen Gesänge bekannt wurde.

Nagarjuna Großer indischer buddhistischer Gelehrter, Logiker und Philosoph, der die Nalanda-Universität verließ, um ein umherwandernder Yogi zu werden. Er ist bekannt als der Begründer der Madhyamaka-Schule. Sein Verdienst ist es, die im *Prajnaparamita-Sutra* angelegte Lehre zu systematisieren und zu vertiefen, womit er den Grundstein für das Madhyamaka legte. Man nimmt an, daß Nagarjuna im zweiten Jahrhundert unserer Zeitrechnung gelebt hat.

Nalanda Buddhistische Universität im Norden Indiens. Sie wurde im 2. Jh. als Kloster gegründet und entwickelte sich zu einem der großen Zentren der indischen Gelehrsamkeit. Im 12. oder 13. Jh. soll sie von Muslimen zerstört worden sein.

Nidana Die Zwölf Nidanas sind die Glieder des abhängigen Entstehens. Die Lehre von den Nidanas legt dar, daß alle psychologischen und physischen Erscheinungen, die das individuelle Dasein ausmachen, voneinander abhängig sind und sich wechselseitig beeinflussen. Die Kette des abhängigen Entstehens bildet zusammen mit der Anatman-Lehre die Kernlehre aller buddhistischen Schulen. Die zwölf Nidanas lauten:

1. Unwissenheit
2. Karmaformationen
3. Bewußtsein
4. Name und Form
5. Der sechsfache Bereich der Sinne und ihrer Objekte
6. Berührung
7. Empfindung
8. Begehren
9. Ergreifen
10. Werden
11. Geburt
12. Alter und Tod

Nirmanakaya (Skt.) Siehe *Trikaya*

Nirvana (Skt.) Wörtlich: «das Erlöschen»; das Überwinden des Leidens, das Ende des Geborenwerdens in Samsara. Der Begriff Nirvana wird nicht nur in dem äußerst positiven Sinn, wenn man über Erleuchtung spricht, verwendet, sondern auch in einem eingeschränkteren Kontext.

Pagode (Skt. Stupa; tib. Chöten) Geweihte Architektur, deren Formen bestimmten religiösen und esoterischen Aspekten symbolischen Ausdruck geben.

Pali Indischer Dialekt, der sich vom Sanskrit ableitet und in dem die kanonischen Texte des Theravada abgefaßt sind.

(Sechs) Paramita (Skt.) Wörtlich «Das, was das andere Ufer erreicht hat». Die Paramitas sind die Tugenden, die ein Bodhisattva im Lauf seiner Entwicklung vervollkommnet. Das sind:
1. Freigebigkeit
2. Sittlichkeit
3. Geduld
4. Energie
5. Meditation
6. Weisheit

Prajnaparamita (Skt.) Bezeichnung für eine Reihe von ca. 40 mahayanistischen Sutras, die die Lehre von der Leerheit erörtern; zu den wichtigsten zählen das Herz-Sutra und das Diamant-Sutra. Auch der Name eines weiblichen Buddha, der die vollendete Weisheit darstellt.

Rinzai (jap.; chin. Lin-chi) Eine der wichtigsten Schulen des Zen, die auch heute noch in Japan sehr lebendig ist (die andere bedeutende Schule ist *Soto*).

Roshi (jap.) Wörtlich «Lehrer»; Titel eines Zen-Lehrers

Samadhi (Skt.) Ein meditativer Zustand, in dem der Geist auf ein einziges Objekt konzentriert ist.

Sambhogakaya (Skt.) Siehe *Trikaya*

Samsara (Skt.) Kreislauf des Daseins, Rad der Wiedergeburt

Sangha (Skt.) Die buddhistische Gemeinschaft

Sechs Bereiche Die sechs Ebenen der Wiedergeburt innerhalb von Samsara:

1. Der Höllenbereich, bestimmt von Haß und dem Erleiden von Hitze und Kälte.
2. Der Bereich der Hungergeister, bestimmt von Neid und dem Erleiden von Hunger und Durst.
3. Das Tierreich, bestimmt von Unwissenheit und dem Erleiden von Dummheit.
4. Das Menschenreich, bestimmt von Leidenschaft und dem Leiden unter Geburt, Alter, Krankheit und Tod.
5. Der Bereich der eifersüchtigen Götter, bestimmt von Mißgunst und dem Leid ständigen Streits.
6. Der Götterbereich, bestimmt von Hochmut und dem Leiden des Rückfalls in niedrigere Bereiche.

Shakyamuni (Skt.) Wörtlich «der Weise aus dem Geschlecht der Shakyas». Name für Siddhartha Gautama, den historischen Buddha, der dem Shakya-Stamm angehörte.

Shamatha (Skt; tib. Shine) Das Verweilen in Ruhe. Eine Meditationsübung, die in den meisten buddhistischen Schulen praktiziert wird.

Shastra (Skt.) Philosophische Abhandlung, die die Aussagen der Sutras systematisch interpretiert.

(Fünf) Skandha(s) Fünf Gegebenheiten, die das physische und geistige Dasein konstituieren:

1. Körperlichkeit
2. Empfindung
3. Wahrnehmung
4. psychische Formkräfte
5. Bewußtsein

Soto (jap.; chin. *Ts'ao-tung*) Eine Schule des Zen, die im 13. Jh. durch den japanischen Meister Dogen Zenji von China nach Japan übertragen wurde. Die Soto-Schule und die Rinzai-Schule sind zwei der wichtigsten Schulen des Zen in Japan.

Sutra (Skt.) Lehrrede des Buddha. Die Sutras bilden einen der drei Teile des buddhistischen Kanons (siehe *Tripitaka*).

Suzuki, Shunryu (1905–1971) Japanischer Zen-Meister, der durch seine Unterweisungen in den USA den Westen mit der Lehre des Zen in Kontakt gebracht hat.

Tantra (Skt.) Wörtlich «Gewebe, Zusammenhang, Kontinuum». Ein spirituelles Lehrsystem, das in unterschiedlichen Ausprägungen im Buddhismus von Wichtigkeit ist. Als Genrebegriff bezeichnet Tantra einen religiösen Text, u. a. im Bereich des Vajrayana-Buddhismus.

Tathagata (Skt.) Wörtlich «der so Dahingelangte»; ein Titel des Buddha.

Tathagata–Garbha (Skt.) Die Saat oder das Potential der Erleuchtung in jedem Wesen; die Buddha-Natur.

Theravada (Pali) Wörtlich «Lehre der Ordensältesten». Der Theravada ist heute in den Ländern Südostasiens weit verbreitet. Die Betonung liegt auf der Befreiung des Individuums, die durch Meditation und das Einhalten der Sittlichkeitsregeln erreicht wird.

Trikaya (Skt.) Wörtlich «Drei Körper»; bezeichnet die drei Seinszustände, die ein Buddha nach der Auffassung des Mahayana besitzt. Die drei Daseinsformen eines Buddha werden Dharmakaya (das wahre Wesen des Buddha, das mit der transzendenten Wirklichkeit identisch ist), Sambhogakaya (der Körper eines Buddha, der in einem «Buddha-Paradies» die in ihm verkörperte Wahrheit genießt) und Nirmanakaya (der irdische Körper, in dem ein Buddha den Menschen erscheint) genannt.

Tripitaka (Skt.) Wörtlich «drei Körbe». Der Kanon buddhistischer Schriften, bestehend aus
1. dem Vinaya oder den Regeln und Verordnungen, die die Disziplin betreffen,
2. den Sutras oder den Worten des Buddha,
3. dem Abhidharma oder der Psychologie und Philosophie des Buddhismus.

Tsao-tung (chin.; jap. Soto) Name einer der drei einflußreichsten buddhistischen Ch'an-Schulen in China.

Unbegrenztheit Eine der drei inhärenten Eigenschaften des Geistes; die beiden anderen sind die Leerheit und die Klarheit. Unbegrenztheit geht mit dem Nirmanakaya-Aspekt der Erleuchtung einher.

Unwissenheit Der Geisteszustand, der illusorische Erscheinungen für die Wirklichkeit hält und Leiden verursacht. Unwissenheit ist der Hauptfaktor, der die Wesen an den Kreislauf der Wiedergeburt bindet.

Vajrayana (Skt.) Das Diamant-Fahrzeug, auch Mantrayana genannt; eine Schulrichtung, die sich aus dem Mahayana entwickelte und sich im Nordosten und Nordwesten Indiens, in Tibet, der Mongolei, in China und Japan ausbreitete.

Vinaya (Skt.) Einer der drei Teile des buddhistischen Kanons, der sich auf Klosterordnung und ethisches Verhalten bezieht (siehe *Tripitaka*).

Zazen (jap.) Wörtlich *za*: «sich setzen», *zen*: «Versenkung». Meditationsübung, die in der Zen-Tradition als direktes Mittel zur Verwirklichung der Erleuchtung angesehen wird. Der Übende verweilt in einem Zustand der Wachsamkeit, die frei ist von jeglichem Anhaften.

Zen (jap.; chin. *Ch'an*) Eine Schule des Mahayana-Buddhismus, die sich im 6. und 7. Jh. in China aus der Begegnung der Lehre des Buddha mit dem Taoismus entwickelte. Im 12. bzw. 13. Jh. gelangte die Lehre des Zen nach Japan, wo sie in der Rinzai-Schule und der Soto-Schule bis heute lebendig ist. Zen betont im besonderen die Vorrangigkeit der Erleuchtungserfahrung und lehrt die Praxis des *Zazen* als kürzesten Weg zum Erwachen.

Zuflucht Im allgemeinen nimmt der praktizierende Buddhist Zuflucht zum Buddha als Vorbild, zum Dharma als Lehre und zum Sangha als Begleiter auf dem Weg. Das Zufluchtsgelübde ist der formale Zugang zum Buddhismus.

Literatur

Brück, Michael von: *Buddhismus*. Gütersloh 1998.
Conze, Edward: *Eine kurze Geschichte des Buddhismus*. Frankfurt a. M. 1986.
Dalai Lama XIV.: *Die Lehre des Buddha vom Abhängigen Entstehen*. Hamburg 1996.
—: *Die Lehren des Tibetischen Buddhismus*. Hamburg 1998.
—: *Eine Politik der Güte*. Meilen [2]1992.
—: *Einführung in den Buddhismus*. Freiburg [10]1998.
David-Neel, Alexandra: *Die geheimen Lehren des Tibetischen Buddhismus*. Satteldorf, 1998.
Goldstein, Joseph/Kornfield, Jack: *Einsicht durch Meditation*. Bern, München, Wien [3]1991.
Govinda, Lama Anagarika: *Der Weg der weißen Wolken*. Bern, München, Wien 1975.
Harvey, P.: *An Introduction to Buddhism*. Cambridge 1990.
Hayward, Jeremy/Varela, Francisco J.: *Gewagte Denkwege. Wissenschaftler im Gespräch mit dem Dalai Lama*. München [2]1998.
Kalu, Rinpoche: *Den Pfad des Buddha gehen*. Bern, München, Wien 1991.
—: *Der Dharma*. Mechernich 1993.
Khema, Ayya: *Buddha ohne Geheimnis*. Berlin [7]1996.
—: *Die Ewigkeit ist jetzt*. Bern, München, Wien 1998.
Khyentse, Dilgo Rinpoche: *Die sieben tibetischen Geistesübungen*. Bern, München, Wien 1996.
Milindapanha. Ein historisches Gipfeltreffen im religiösen Weltgespräch. Bern, München, Wien 1998.
Notz, Klaus J. (Hrsg.): *Lexikon des Buddhismus*. Freiburg 1998.
Nyanatiloka: *Grundlagen des Buddhismus*. Oy-Mittelberg 1995.
Rabten, Geshe: *Buddhistische Philosophie und Meditation*. Hamburg [2]1994.

Rahula, Walpola: *Was der Buddha lehrt*. Bern o. J.

Söpa, Lhündub G./Hopkins, Jeffrey: *Der Tibetische Buddhismus*. München [8]1995.

Sogyal Rinpoche: *Das tibetische Buch vom Leben und vom Sterben*. Bern, München, Wien 1993.

Suzuki, Daisetz T.: *Leben aus Zen*. Bern, München, Wien 1987.

–: *Wesen und Sinn des Buddhismus*. Freiburg [5]1998.

Thich Nhat Hanh: *Das Wunder der Achtsamkeit*. Berlin [8]1998.

–: *Die fünf Pfeiler der Weisheit*. Bern, München, Wien 1995.

Trungpa, Chögyam: *Das Buch vom meditativen Leben*. Reinbek 1991.

–: *Spirituellen Materialismus durchschneiden*. Berlin [3]1996.